中国学研究法

［日］武内义雄 著

单清华 许益菲 译

长江出版传媒 崇文书局

图书在版编目（CIP）数据

中国学研究法／（日）武内义雄著；单清华，许益菲译 . -- 武汉 ：崇文书局，2023.3
（武内义雄文集）
ISBN 978-7-5403-7060-2

Ⅰ . ①中… Ⅱ . ①武… ②单… ③许… Ⅲ . ①中国学 —研究 Ⅳ . ① K207.8

中国版本图书馆 CIP 数据核字（2022）第 244750 号

中国学研究法
ZHONGGUOXUE YANJIUFA

出 版 人	韩 敏
策划编辑	鲁兴刚
责任编辑	鲁兴刚 李艳丽
责任校对	董 颖
装帧设计	彭振威设计事务所
责任印制	李佳超
出版发行	长江出版传媒 崇文书局
地 址	武汉市雄楚大街 268 号 C 座 11 层
电 话	(027)87677133 邮政编码 430070
印 刷	湖北新华印务有限公司
开 本	880 mm×1230 mm 1/32
印 张	6.75
字 数	163 千
版 次	2023 年 3 月第 1 版
印 次	2023 年 3 月第 1 次印刷
定 价	58.00 元

（如发现印装质量问题，影响阅读，由本社负责调换）

武内义雄

1886—1966，字谊卿，号述庵。京都大学文学博士，日本东北大学名誉教授，日本学士院会员，获"文化功劳者"称号。师从狩野直喜，研究集清代考据学与日本汉学文献批判学之长，奠定了日本中国思想史研究基础。著有《论语之研究》《老子原始》等，另有《武内义雄全集》十卷行世。

单清华

河北省社会科学院社会发展研究所研究实习员，主要从事中日社会比较研究。

许益菲

南开大学历史学博士，现任河北省社会科学院历史研究所助理研究员。主要研究近世日本社会文化史，近年在《读书》《汉学研究》等刊物发表学术论文数篇。

目　录

前　言

　　我从大正十二年（1923）开始在东北大学工作了二十三年，去年初夏辞职搬到东京。离开欢快的学园，在不熟悉的东京过着配给制生活，不免有不安与寂寞之感。记得是对面庭院那棵高大的榉木树叶开始变黄的初秋。楼下传来了阵阵钢琴声，茫然如睹行云之动，这时一位学生来访。是我在东北大学任教时候的学生。欢迎之余问其来意，学生倾诉了学业未半而导师调离的悲伤，并希望我能传授中国学研究的方法。常思之事虽易谈，但不尽意之处自然很多。从这个时候开始，我有了想写中国学研究法之类的想法。但中国学研究是个大问题，胸中藏书万卷、见识贯通古今之人方能完成，自非孤陋寡闻的我所能为。之后，我在整理仙台时期旧稿之时，发现《汉学研究法》《中国文字学》和《目录学》三篇文章，于是将其汇总，取名《中国学研究法》，在赠予东北二三学子的同时，也希望得到对中国学感兴趣的诸贤批评指正。

第一部分《总论》是根据大正十三年（1924）夏天为文部省主办的东北地区中等学校教员学习班所作、题为"汉学研究法"的演讲稿改成。第二部分《文字学》是在昭和六年（1931）投给《岩波讲座　日本文学》的文章基础上，稍加修改而成。第三部分《目录学》是根据昭和六年夏受东北大学图书馆馆长村冈典嗣邀请，在图书馆讲习会上的发言稿改写而成。三篇文章的写作初衷虽各有别，但我本来就以文字学和目录学为中国学的基础，所以三者之间自有其关联。因此我就把最初的一篇作为总论，再加上另外两篇作为总论未详之处的增补。如能对有志于中国学研究的诸君有一定参考价值，吾之幸也。

卷头的书名劳畏友内藤乾吉君书写。内藤君是吾师内藤湖南夫子的令嗣，学问渊博、书法端雅，拜见题署如见已故之湖南先生。在此深表谢意。

昭和二十三年（1948）一月于东京阿佐谷侨居

武内义雄 识

第一章

总 论

一 叙说

中国学这一名称，是英语 sinology、法语 sinologie 等的翻译词，指与中国相关的学问总称。它包括宗教、哲学、道德、政治、文学、艺术、历史、地理、经济等所有领域，范围极广。每个领域自然都有其特定的研究方法，但它们都要以中国的文献为根本史料，所以也不能否认其中有共通的研究方法吧。

中国的文献自古分经、史、子、集四部，经部和子部是与哲学思想相关的文献，集部是文学作品，而史部则是与历史、地理相关的记录。但是这种分类本是基于书籍的编纂形式，并非完全依据内容。所以经部的文献中既有《诗经》这样的文学作品，也有《尚书》和《春秋》这样的历史记录。集部之中，学者、思想家的文章中涉及思想，以及作为史料的内容亦不在少数。与之相对，史部的书籍中也有很多子部和经部的引文。因此，从事中国研究的学者，不管其研究领域如何，都必须全面涉猎经、史、子、集。因为要处理同一种资料，那么其处理资料的方法自然存在共通之处。这里我就根据自己有限的经验，以文献的处理方法为中心，阐述中国学的研究方法。

二 资料的鉴别

研究的第一条件在资料的鉴别。正如清儒张之洞所言："一分真伪，而古书去其半。一分瑕瑜，而列朝书去其十之八九矣。"（《輶轩语》一）中国文献之中，伪书非常多。因此，轻信所有的资料，就会陷入时代错误而无法得出正确的结论。这也是我为什么说鉴别资料真伪是研究的第一要务。

文献作伪大抵都有其动机。以动机来区分，可以分为五种：一是尚古癖好，二是学派论争，三是出于利欲，四是以欺人为快，五是为掩盖作者之名。下面试通过实例加以具体说明。

一、因中国人的尚古癖好而作的伪书非常多。《汉书·艺文志》中有《神农》十二篇，其下有注曰："六国时，诸子疾时急于农业，道耕农事，托之神农。"（《诸子略·农家》）单从书名来看，会认为这是神农的著作。但根据注文则能判定是战国时代的著作，乃作者为增加其言说的分量而假托神农之名。结合《孟子·滕文公上》中"有为神农之言者许行"的记事，则可推测这种假托神农的著述大抵是伪作于孟子生活的时代之后。

《汉书·艺文志》中还记录了四部书：

> 《黄帝君臣》十篇。起六国时，与老子相似也。（《诸子略·道家》）
>
> 《杂黄帝》五十八篇。六国时贤所作。（《诸子略·道家》）
>
> 《黄帝泰素》二十篇。六国时韩诸公子所作。（《诸子略·阴阳家》）
>
> 《黄帝说》四十篇。迂诞依托。（《诸子略·小说家》）

这些依照书名也会以为是黄帝所写，但根据注文则知仍是战国之后的伪作。据说此《黄帝君臣》十篇与《老子》相似，再联想到《庄子》《列子》引用黄帝之言，则这些书或是战国时期老庄派学者编纂的。《淮南子·修务训》中"世俗之人，多尊古而贱今，故为道者必托之于神农、黄帝而后能入说"一句，便是说这些著作皆是因中国人的尚古癖好而伪作出的吧。

　　二、因学派论争而作的伪书代表，大概是《孔子家语》。《汉书·艺文志》记《孔子家语》共二十七卷（《六艺略·论语》），但现存的《孔子家语》中只有十卷四十四篇，并有曹魏时期王肃的注释。因此，初唐学者颜师古认为现存《孔子家语》与《汉书》所录二十七卷本《孔子家语》并非一书（《汉书·艺文志》注），结合《礼记·乐记》孔颖达疏"马昭云：《家语》，王肃所增加"，和《王制》疏"《家语》，先儒以为肃之所作，不足信"，可以推测现存《孔子家语》系王肃之伪作，与汉代旧本不同。自清朝学者范家相著《家语证伪》、孙志祖著《家语疏证》、陈士珂著《孔子家语疏证》，考证今本《孔子家语》系伪作的来龙去脉后，这几乎成为学界定论。王肃是三国时期魏国的学者，事事反对汉儒郑玄，著有《圣证论》。在这本书中，他屡屡引称《孔子家语》来反驳郑玄的学说。因此，伪作《孔子家语》是王肃为压制郑玄的学说而制，属于学派论争的产物。

　　《尚书孔传》五十八篇是西汉学者孔安国的著书，但是，南宋大儒朱熹对该书是否为孔安国之作存疑。清朝学者阎若璩几乎倾注一生心血，撰写《尚书古文疏证》八卷证明其系伪作，且《尚书孔传》正文五十八篇中的大部分都是与《伪孔传》同时期的伪作，或出自东晋梅赜之手。其后丁晏著《尚书余论》一卷，列举了阎若璩认定为伪作的《古文尚书》在梅赜之前既已存在的证据，且《尚书孔传》最早在王肃的《孔子家语》序文中就有介绍，其解释也与王肃的尚书说一致，因此可能是王肃为了反对郑玄的学说而偷偷伪作，作为证明自己学说正确的依据。果真如此，《尚书孔传》也可以视作因学派论证而作的伪书。不过，其中应该还有其他见解和观点吧。

三、因利欲而作伪的代表是刘炫。中国历史上多改朝换代，每逢战乱必有文籍亡佚。因此新兴王朝为巩固创业之基，多遍访遗书，以资文艺复兴。结束南北朝分立而一统天下的隋朝自然也不例外，《隋书·经籍志》称"隋开皇三年，秘书监牛弘表请分遣使人，搜访异本，每书一卷，赏绢一匹"，记录了当时朝廷搜集图书一事。《北史·刘炫传》有"刘炫，字光伯，河间景城人也……时牛弘奏请购求天下遗逸之书，炫遂伪造书百余卷，题为《连山易》《鲁史记》等，录上送官，取赏而去"，记录了当时刘炫献上伪书一事。虽然相传为刘炫伪作的《连山易》《鲁史记》今已散逸，但我们从《古文孝经孔氏传》中仍能看到其中一例。近藤正斋的《右文故事》（附录卷四）中有对足利学校现存《古文孝经》的一段解说。其言：

守重按：《三代实录》有清和天皇贞观二年十月十六日之制，其《问学令》以孔、郑二注为教授之正义。厥［然］其学徒相沿，盛行于世者，安国之注、刘炫之义也。今按：大唐玄宗开元十年，敕令撰御注《孝经》，作新疏三卷。……安国之本亡佚于梁乱，今之传者当出自刘炫之手。

由此似乎可以认为现行本《古文孝经孔氏传》是刘炫的伪作。足利学校所藏真本《古文孝经》卷首有孔安国的序文，序文之下有细致的注文。将这段注文与近来舟桥家发现的刘炫《孝经述义》相比较，会发现它抄录了《孝经述义》的要点，可以证明孔安国的注和刘炫的义并用。根据《孝经述义》所载，《孝经孔氏传》亡佚已久，不见其传本。隋初王邵偶得，示之刘炫，炫遂与友人刘焯一同研究该书，认为该书的注文非常完美，于是作《孝经去惑》一卷辨正郑玄注文的不当，又作《孝经稽疑》一卷订正新得《孔氏传》的书写错误，最后作《孝经述义》五卷敷衍其意，努力宣传。因此现存《孝经孔氏传》因刘炫而为人所知，《三代实录》卷四言"今之所传出自刘炫"，怀疑其为伪作，理由就在于此。由于《孝经孔氏传》早已在中国亡佚，近世其学者一度怀疑这是日本的伪作，但合考《孝经述义》所言及刘炫其人的性格，则必须承认它是刘炫而非我国先儒伪作。我们借此能够看到为了赏赐和利欲而作伪古书的事例。

四、以蒙骗他人为目的而作伪经典，从丰坊这里可见一斑。丰坊是明朝嘉靖年间人，其家族自宋元祐以来名人辈出，所以藏书之多可称明代第一。全祖望在《天一阁藏书记》（《鲒埼亭集外编》卷十七）中记载，他伪造了《河图》石本《鲁诗》石本和《大学》石本，谎称是先祖丰清敏得之于秘府，又伪造了朝鲜《尚书》和日本《尚书》，声称是曾祖丰庆得之于译馆。丰坊伪造的古书中，最有名的当属《大学》石本，他在这本书的《修身》一篇中插入了《论语》中的"颜渊问仁"章，又在末尾附刻"孔伋穷居于宋，惧圣道之不明，乃作《大学》以经之，《中庸》以纬之"一句，称是贾逵之言。《大学》原本是《礼记》中一篇作者不详的文章，《大学》石本言明《大学》和《中庸》俱是子思的述作，则其在儒教发展史上具有重要意义。但清朝的儒者，特别是毛奇龄著《大学证文》，详尽论证这是丰坊伪造的书，没有一览的价值。

五、明朝胡应麟的《少室山房笔丛》第三十二卷中有言"《碧云騢》，撰称梅尧臣，实魏泰也"，并引宋朝王铚所言：

> 魏泰者，场屋不得志，喜伪作他人著书，如《志怪集》《括异志》《倦游录》，尽假名武人张师正。又不能自抑，出其姓名作《东轩笔录》，皆用私喜怒诬蔑前人。最后作《碧云騢》，假作梅尧臣，毁及范仲淹，而天下骇然不服矣。

盖《志怪集》《括异志》《倦游录》借张师正之名,《碧云騢》托梅尧臣之名而作,其内容肆意非议前人而不欲显示自己身份,一时欺骗世人。

总的说来,伪书的出现有各种各样的复杂背景,不能一概而论,前面所说的五种大概是最常见的事例。中国的文献是世界上最多的,但伪书也是最多的,所以我们常说"尽信书则不如无书"。因此,研究的第一要务必然是严格考证资料、鉴别真伪。至于鉴别真伪的方法,胡应麟《少室山房笔丛》(《四部正讹》下)有言:

> 凡核伪书之道,核之《七略》以观其源,核之群志以观其绪,核之并世之言以观其称,核之异世之言以观其述,核之文以观其体,核之事以观其时,核之撰者以观其托,核之传者以观其人。核兹八者而古今赝籍无隐情矣。

鉴别文献真伪,除此八条外,别无他法。

第一项中所言《七略》,是指汉朝刘歆所著《七略》。昔日秦始皇为压制言论而禁止藏书,直到汉兴,惠帝解除藏书之禁,武帝置写书官并搜集文籍,降至成帝之世,命在朝诸臣校订秘府书籍,由刘向监督这项工程。因此每一本书校订完毕后，刘向都会为其撰写篇目，并推敲其内容，写成提要上奏皇帝。这些提要后来缀集成书，即刘向《别录》。然而刘向穷其心血从事文献整理，事业未半就去世，于是汉哀帝命刘向之子刘歆继承父业。刘歆汇总群书，制成目录，将其命名为《七略》。之所以称之为《七略》，是因为其目录分为辑略、六艺略、诸子略、诗赋略、兵书略、术数略、方技略七类。《七略》是中国最早的目录学文献，价值贵重，遗憾的是今已散逸不传。但班固所著汉代史书《汉书》中，有《艺文志》一卷收录《七略》，所以我们可借此一揆《七略》的大体内容。所谓"核之《七略》以观其源"，就是首先要查阅《汉书·艺文志》，确定该书是否收录其中。如果该书于《汉书·艺文志》有载，就知道它是汉代以前的旧本。

　　第二项所谓"群志"，是指《七略》后目录学著作的总称。参照《汉书·艺文志》的体例，中国历代正史中都有如《隋书·经籍志》《旧唐书·经籍志》《新唐书·艺文志》《宋史·艺文志》《明史·艺文志》等记载当时存世书籍的目录的章节，特别是宋朝以后，诸如晁公武的《郡斋读书志》这类个人藏书目录书籍亦大量留存。参考群志了解书籍的沿革，便是"核之群志以观其绪"。

　　第三项所谓"核之并世之言以观其称"，是指判断书籍真伪时，要检查书中用语是否合乎那个时代，以助判断。每个时代都有其特定的用语，汉朝的语言与唐宋的语言自然有所区别。如果汉朝的书籍中出现了唐宋的用语，该书就值得怀疑。《尚书》的《五子之歌》篇有"郁陶乎予心"，《尚书》孔传的解释是"郁陶，言哀思也"，但是《孟子》中的"我郁陶思君"是以"郁陶"表达喜悦之意。《尔雅·释诂》中也说"郁陶、繇，喜也"。盖"郁陶"本是喜悦之意，转为表达哀思之意，则《五子之歌》使用"郁陶"的转用义就说明其是后世之文。阎若璩的《尚书古文疏证》举此事例证古文之伪，正是指出其用语的时代错误。

第四项所谓"核之异世之言以观其述"，是指比对问题书籍之语与后世书籍中引用之语，以判断真伪。例如，《孟子》一书中所引的《尚书》，其今文《尚书》的部分悉合现存版本，而《古文尚书》的部分则与现存版本不一致。据此可以判断，现存版本的《古文尚书》并不是孟子当时所引用的真本。这便是此项的例子。

第五项是根据文体判断真伪的方法。文章均会随着时代的推移而变化，后世之人不管怎样模仿古体都会留下自己时代的痕迹。《尚书·大诰》篇相传是周公所作，后来王莽仿此作《大诰》，苏绰也仿此作《大诰》，前者载于《汉书》而后者载于《北史》，但将这三者对比，王莽字字句句都在模仿周公，可文章像小学生作文一般毫无生气；苏绰的文章稍微条理通顺，但对偶修辞已不似汉朝人的文章，与周公更是相差甚远。这就说明，文章的调子会随着时代的推移而变化。提倡《古文尚书》之伪的阎若璩曾拜访学者马骕，二人杂谈之际，话题聊到《尚书》的真伪问题，因此阎披露自己的研究，以求马公批评指正，公一一首肯赞许，叫人拿来白文《尚书》和《尚书》蔡传各一部，将后者给阎若璩，自己拿前者，射覆今古文之区别，无一不应验。马骕认为，古文部分对句多有六朝之风，不似今文之文体。阎若璩也因此对自己的研究有自信，而这说明能以文章风格区别时代。

第六项是说，书中所载内容如有后世之事，抑或与事实不符，就必须怀疑该文的真伪。

第七项和第八项是根据作者、传者的性格来推测书籍真伪的方法。如果书籍的作者、传者有作伪癖好，那么就必须怀疑该书的真伪。例如，《孔子家语》因为是王肃之作而被质疑，《大学》石本因为出自丰坊之家也须质疑。

以上条举了八种鉴别文献真伪的有效方法。要而言之，首先要通过目录的调查做出大致推测，其次检查其内容、文体、用语等判断时代，其最初的线索在于目录的调查。换言之，这是以目录为准来鉴别文献真伪，因此清朝的学者称这种方法为目录学。

王鸣盛的《十七史商榷》卷一中说的正是这一道理：

目录之学，学中第一要紧事，必从此问途，方能得其门而入。然此事非苦学精究，质之良师，未易明也。自宋之晁公武，下迄明之焦弱侯一辈人，皆学识未高，未足剖断古书之真伪是非，辨其本之佳恶，校其讹谬也。

细细玩味王鸣盛这段话，则知所谓目录学即是以目录为尺度来测定古书真伪的方法，经典研究必须从此着手。王鸣盛字凤喈，号西沚，嘉定人，是惠栋的门生。惠栋当时的学问以考证《尚书》真伪为中心，惠氏的《古文尚书考》和阎氏的《尚书古文疏证》解决了这一问题。这两部书的研究方法都是源于现行本《尚书》的篇数与《汉书·艺文志》的记载不一致而进行双重考证，可以说是目录学这种研究方法的具体实例。或许王鸣盛继承其师惠栋的研究方法，提倡所谓的目录学吧。可以说，目录学是判断古典真伪的标准尺度，其应用的实例能在惠氏的《古文尚书考》和阎氏的《尚书古文疏证》中窥见。

三　辑佚

中国是一个有着丰富文献的国度，但披阅历朝历代的书目，会发现散逸书籍之多令人瞠目结舌。为推进现存文献的

研究，就有必要考察回顾历史上散逸的书籍，在此就出现了
辑佚行为。

　　所谓辑佚，是指搜集整理其他书籍中所引的文章来展示散
佚书籍的部分面貌，此事业最为兴盛的时代是清朝。康乾盛世，
江苏吴县惠周惕、惠士奇和惠栋祖孙三代学者继出，呼吁回
归汉学，最后的这位学者惠栋的主要著作《周易述》《易汉学》
便是集汉儒有关《周易》的学说进行疏释。惠栋的门人中有
江声和王鸣盛二人，江声集《尚书》马融注和《尚书》郑玄
注而作《尚书集注音疏》；王鸣盛则汇集马融、郑玄和王肃三
人的注文并给予论评，著《尚书后案》。同时期的学者孙星衍
搜集《尚书》的古注作《尚书今古文注疏》，复活千载之绝学。
这些《尚书》的研究可谓清朝汉学的先驱，其根本便是对汉
代经师旧注的辑佚。乾隆年间开四库全书馆，搜集前朝遗文，
当时的学者朱筠注意到翰林院所藏《永乐大典》中引用古书
甚多，于是上奏提议从中摘汇经典的佚文，以复原散逸的书籍。
此上奏得到皇帝嘉许后，立即施行。现在《四库全书》中称
作"永乐大典本"的古籍，都是根据朱筠的献言而收集的作品，
总数多达两百七十部。受朱筠亲炙的学者余萧克汇集出《古
经钩沉》，任大椿汇集出《小学钩沉》，都是惠泽学林的作品。
之后，多种辑佚书出现，其中比较有代表性的是马国翰的《玉
函山房辑佚书》、严可均的《全上古三代秦汉三国六朝文》吧。

前者收集佚书多达 580 种，涵盖经、史、子三部，但未收录集部书籍。辑佚集部书籍的是严可均，严氏之书收录上古至六朝末期诸名家之文集，乃至残存于其他书籍中的断简残句，并注明来源和出处。精于考订的清儒中，也有人对马国翰、严可均的书提出批评，但那终究是白璧微瑕，不可以此掩盖其功绩。

清朝的学者勤勉辑佚失传书籍，其功绩非常大。不容忽视的是，我国流传的旧抄本为清儒的辑佚提供了许多材料。首先应该列举的是皇侃的《论语义疏》十卷。皇侃是梁朝的学者，著有《礼记义疏》百卷和《论语义疏》十卷。其中《礼记义疏》今已不传，《论语义疏》幸而传入我国，在宫内府图书寮、足利学校遗迹图书馆等存有抄本。宽延年间，根本逊志据足利学校藏本将其校刻出版，后反传回中国，编入乾隆《四库全书》，鲍廷博的《知不足斋丛书》也予以收录。据此，吴骞作《皇氏论语义疏参订》十卷，桂文灿作《论语皇疏考证》十卷，马国翰从中收集了郑玄、王朗、王弼、卫瓘、缪播、郭象、乐肇、虞喜、庾冀、李充、范宁、孙绰、梁觊、袁乔、江熙、殷仲堪、张凭、蔡谟、颜延之、释慧琳、沈骥士、顾欢、太史叔明、褚仲都、沈峭、熊埋等人注文的佚文。《四库全书提要》的作者赞赏其"存汉、晋经学之一线"（卷七《四书类》一），确如所言。

接下来是《群书治要》五十卷。此书是唐太宗在贞观五年（631）命魏徵、虞世南、萧德言等人从经、史、子三部中抄录政治参考文章而辑成的书，有唐一代备受尊崇。宋以降，该书不为人问津而散逸。但是，我国自古以来就重视该书，屡屡进讲于御前。进入镰仓时代，该书也受将军家重视，建长、文应之际清原教隆为北条实时抄录，其本藏于金泽文库，后移入德川家的红叶山文库，现由宫内厅图书寮继承，此外，该版本也有元和活字本、天明尾张藩本等。因为该书抄录的书籍都是李唐旧本，现今多已散逸，所以深为清朝考证学者所重。例如，书中收录的《孝经》是郑玄注本，《孝经》郑注已亡佚，故在今日是非常珍贵的文献。因此，河村益根、冈田挺之、窪木青渊将《群书治要》中的《孝经》抄录出来，以期能再现《孝经》郑注。中国的学者也尝试据此书加以考证，以复活《孝经》郑注。皮锡瑞的《孝经郑注疏》是其中最为完备的著作，不过最近我国学者林秀一教授参照敦煌出土的残片，完全复原了《孝经》郑注。此外，《群书治要》中收录的史部书籍中，经畏友石浜纯太郎考证，《汉书》是蔡谟的集解本，即颜师古注之前的旧本;《晋书》是臧荣绪撰本，现已失传。(《中国学论考》所收《〈群书治要〉的史类》) 子部中所收录的书籍很多在今天也已经失传，马国翰和严可均收集的诸子佚文中,从此书中搜集的材料颇多。《鬻子》《慎子》《陆贾新语》《桓子新论》《崔氏政论》《仲长子昌言》《蒋子万机论》《刘氏政论》《桓氏世要论》《杜氏体论》《傅子》《袁子正论》等书皆是如此。严氏辑佚本的序文收于《铁桥漫稿》之中，其辑本则收录于《全上古三代秦汉三国六朝文》之中。

以上列举了有代表性的几例，除此之外，传至我国的旧本中有很多在中国已经失传而仅存于我国。过去，林述斋校印此类书籍成《佚存丛书》六帙；随驻日公使黎庶昌来日的杨守敬与本邦读书人交际甚广，集本邦所传旧本刊为《古逸丛书》，都是非常有名的佳话。试举《佚存丛书》目录以示一斑：

《古文孝经孔氏传》一卷　　汉，孔安国

《五行大义》五卷　　隋，萧吉

《臣轨》二卷　　唐，武后

《乐书要录》三卷　　原十卷，佚七卷，今存五、六、七三卷

《两京新记》一卷　　原五卷，佚四卷，今存第三卷，唐，韦述

《李峤杂咏》二卷　　百二十首，唐，李峤◎以上为第一帙

《文馆词林》四卷　　唐，许敬宗等编，原一千卷，今存六百六十二、六百六十四、六百六十八、六百九十五四卷

《朱子感兴诗注》一卷　　门人蔡模学，附《武夷櫂歌注》一卷，陈普注

《泰轩易传》六卷　　宋，李中正

《左氏蒙求》一卷　　元，吴化龙◎以上为第二帙

《唐才子传》十卷　元，辛文房，西域人

《难经集注》五卷　明，王九思等◎以上为第三帙

《古本蒙求》三卷　唐，李翰

《玉堂类稿》二十卷　附《西垣类稿》二卷，又附《玉堂附录》一卷　宋，崔敦诗◎以上为第四帙

《周易新讲义》十卷　宋，龚原◎以上为第五帙

《许鲁斋先生心法》一卷　明，韩士奇

《宋景文公集》　原一百五十卷，今存三十卷　宋，宋祁◎以上为第六帙

以上诸书均在中国亡佚而仅存于我国，述斋此丛书传至中国后，阮元立即着手将其翻刻传播，并特别为其中的《两京新记》一卷、《五行大义》五卷、《文馆词林》四卷、《臣轨》二卷、《乐书要录》三卷、《泰轩易传》六卷、《难经集注》五卷、《玉堂类稿》二十卷、《西垣类稿》二卷、《周易新讲义》十卷撰写提要，收入《四库未收书目》中。由此可见这套丛书在中国学者之中备受尊崇。在此我不想对其一一赘述，只简要提一下《五行大义》五卷。

《五行大义》五卷是隋朝人萧吉的著作，该书博采经书、纬书来说明五行之大义。萧吉是南朝梁武帝的哥哥，梁朝灭亡后先后仕北周和隋，在历史上微不足道，但他的著书《五行大

义》五卷却是了解五行说的合适书籍。此书在《隋书·经籍志》《新唐书·艺文志》中均无记载，仅《旧唐书·经籍志》中记载萧吉撰《五行记》五卷，宋以后的著录中不见该书，则知其很早就已亡佚。不过，日本存有该书的完本，据《经籍访古志》载栗田青莲院（镰仓相承院旧藏）所藏元弘三年（1333）手卷本、高野山三宝院所藏蝴蝶装古钞第五卷残本。其木版本亦有两种，分别为元禄十二年（1699）一色时栋校刻本，以及宽政十一年（1799）林述斋在《佚存丛书》中刊印的版本。前者是抄录青莲院本而付梓出版，后者虽没有明确说明原本，但吾师内藤湖南先生认为两个版本完全一致，当是基于同一原本翻刻。青莲院本原藏于相承院，后移至大和的寿命院，再传至栗田的青莲院，其后又归久迩宫收藏。久迩宫朝彦亲王初称尊融法亲王，居于青莲院，文久年间（1861—1864）奉敕还俗，称中川宫，后又改称久迩宫。因为这层关系，青莲院的很多藏书被纳入久迩宫的文库，《五行大义》就是其中之一。据已故富冈桃华先生所言，此书背记多引唐之前的韵书，为音韵研究留下了宝贵的历史资料。我尚未得见久迩宫家所藏的原本，但在伊势神宫文库中看到该书的影写本。表里分别双钩填墨后，合二为一，变成与原本一样的手卷本，其背记确如桃华先生所言，引用了陆法言以下诸家的《切韵》与菅原是善的《东宫切韵》，是研究古韵的有力资料。因此，这部手卷不仅完整保存了萧吉的《五行大义》，而且收录了既已亡佚的韵书片段，在双层意义上都可以说有着宝贵的价值。仄闻此书原本在数年前遭遇火灾，则神宫文库所藏影写本就成为天地间的孤本，必须重视珍惜。

接下来举出《古逸丛书》的目录：

影宋蜀大字本《尔雅》三卷

影宋绍熙本《穀梁传》十二卷

影正平本《论语集解》十卷

覆元至正本《易经程传》六卷、《系辞精义》两卷

覆旧钞卷子本唐开元《御注孝经》一卷

集唐字《老子注》两卷

影宋台州本《荀子》二十卷

影宋本《庄子注疏》十卷　唐，成玄英

覆元本《楚辞集注》八卷、《楚辞辩证》两卷、《楚辞后语》六卷

影宋蜀大字本《尚书释音》一卷

影旧钞卷子原本《玉篇》零本三卷半

覆宋本《重修广韵》五卷

覆元泰定本《广韵》五卷

影旧钞卷子本《玉烛宝典》十一卷　隋，杜台卿，原十二卷，今缺第九卷

影旧钞卷子本《文馆词林》十三卷半　　唐，许敬宗等编，原一千卷，今存第一百五十六至一百五十八卷、三百四十七卷、四百五十二卷、四百五十三卷、四百五十七卷、四百五十九卷（残）、六百六十五卷至六百六十七卷、六百七十卷、六百九十一卷、六百九十九卷

影旧钞卷子本《珝玉集》两卷

影北宋本《姓解》三卷　　宋，邵思

覆永禄本《韵镜》一卷　　宋，张麟之

影旧钞卷子本《日本国见在书目录》一卷　　日本，藤原佐世

影宋本《史略》六卷　　宋，高似孙

影唐写本《汉书·食货志》一卷

唐石经体写本《急就篇》一卷　　汉，史游

覆麻纱本《草堂诗笺》五十八卷　　宋，鲁訔编，蔡梦弼会笺

影旧钞卷子本《碣石调幽兰谱》一卷　　陈，丘公明

影旧钞卷子本《天台山记》一卷　　唐，徐灵府

影宋本《太平寰宇记补阙》五卷半　　宋，乐史，存卷自一百一十三至一百一十七，及十八之半卷

杨守敬在《日本访书志》中对这些书的主要内容已有解

说，今无一一说明之必要，在此仅谈及原本《玉篇》和《玉烛宝典》。

杨守敬对原本《玉篇》有如下说明：

《玉篇》卷子本四卷，其第十八之后，分从柏木所藏原本用西洋影照法刻之，毫发不爽，余俱以传写本入木刻成。后日本印刷局长得能良介从西京高山寺借得《系部》前半卷，以影照法刻之，乃又据以重镌，而《系部》始为完璧。四卷中唯柏木本最为奇古，余三卷大抵不相先后，然皆千年以上之物也。是书所载义训，皆博引经传，其自下己意者，则加"野王按"三字。按：顾氏《玉篇》经萧恺等删改行世见《梁书·萧子显传》。至唐上元间，有孙强增加之本，又有《玉篇钞》十三卷见《日本国见在书目》。是则增损顾氏之书，在唐代已有数家。释慧力《像文玉篇》、赵利正《玉篇解疑》当别自为书，与顾氏原本不相乱。然就此四卷核之，则为顾氏原本无疑。今孙强等增损之本已无传，仅存宋陈彭年大广益本。余旧疑广益本虽亦三十卷，仅分为上、中、下三册，若顾氏原本更简，何能分为三十卷？岂知其所云"广益"者，特于正文大有增益，而注文则全删所引经典，并有删其大字正文者。据广益本于祥符牒后载，旧一十五万八千六百四十一言，新五万一千一百二十九言，新旧总二十万九千七百七十言，又双注云，注四十万七千五百有三十字。余以广益本合大字注文并计之，实只二十万有奇，绝无四十万注文之事。今见此本，始悟其所云"注四十万"者，为顾氏原本之数，故盈三十卷。旧一十五万者，孙强等删除注文，增加大字并自撰注文之字数也。或者不察，乃以顾氏原本注文为简，孙强、陈彭年注文为繁，俱之甚矣，按野王所收之字，大抵本于《说文》，其有出于《说文》之外者，多引《三苍》等书。于字异义同，且两部或数部并收。知其网罗《苍》《雅》在当时已为赅备。广益本递有增益，而不为之分别，使后人无从考验得失，殊失详慎。又原本次第多与《说文》同，《说文》所无之字续之于后，广益本则多所凌乱，间有以增入之字夹厕其中，近人乃欲以《玉篇》之次第校《说文》之次第，不亦谬乎！今顾氏原本虽不得见其全，而日本释空海所撰《万象名义》三十卷。当唐开成、会昌间。其分部隶字，以此残本校之，一一吻合，则知其全书皆据顾氏原本，绝无增损凌乱。又日本僧昌住新撰《字镜》十二卷。日本昌泰间所撰，当唐昭宗光化中。其分部次第虽不同，而所载义训较备。合之释慧琳《一切经音义》百卷，唐元和十二年撰，此为中土佚书。源顺《和名类聚钞》二十卷。日本天延间所撰，当宋开宝间。具平《弘决外典钞》四卷。日本正历二年，具平亲王所撰，当宋淳化二年。释信瑞《净土三部经音义》日本嘉祯二年撰，当宋瑞平二年。皆引有野王按语，若汇集之以为疏证，使顾氏原书与孙、陈广益本划然不相乱，亦千载快事也。今第就顾氏所引经典，校其异同，为札记焉。别详。光绪十年正月。

我们根据这段说明即可知晓原本《玉篇》和广益本《玉篇》有很大不同。然而，原本《玉篇》现仅存如下部分，不及原书五分之一：

一、卷八　心部—蕊部　东洋文库

二、卷九　言部—幸部　早稻田大学及福井氏崇兰馆

三、卷十八之后半部分　放部—方部　藤田家

四、卷十九　水部　安田家、藤田家

五、卷二十二　山部—嵱部　神宫文库

六、卷二十四　鱼部　京都府船井郡高原村大福光寺

七、卷二十七　系部—索部　高山寺、石山寺

其中收入杨守敬《古逸丛书》的只有上述二、三、四、七四卷，仅为原书一半。最近，东方文化学院将这些书以精美的图片形式影印出版。已故冈井慎吾博士又从《八十华严

音义私记》《令义解》《令集解》《安然悉昙藏》等三十七种古典中辑佚出原本《玉篇》佚文约一千六百条,研究原本《玉篇》到广益本倭《玉篇》的变迁,杨氏所言"千载快事",足为我国学界之骄傲。顺便说,冈井博士的研究在昭和八年(1933)十二月作为《东洋文库论丛第十九》,由该文库出版发行。

《玉烛宝典》十二卷是隋朝杜台卿所撰。台卿是北齐卫尉卿杜弼之子,自幼好学,以文章之长而仕于北齐。北周武帝灭北齐后,杜台卿返回乡里,为子弟讲授《礼记》《春秋》。及至隋兴,台卿复被征召入朝,献上所著《玉烛宝典》十二卷,获赐绢两百匹。此书在隋唐《志》以及宋《志》中都有记录,则宋代大约仍保存完整,其后亡佚失传。幸运的是,我国前田家尊经阁中存有该书的旧钞卷子本,宫内府图书寮中也存旧钞卷子本一部。图书寮本是德川幕府时代佐伯侯毛利高翰将前田家藏本影写后献给幕府的。杨守敬《古逸丛书》所收录的版本是图书寮本的转写本,则这些都是同一源流的版本吧。此书原本有十二卷,今失第九卷,仅存十一卷。本来《玉烛宝典》只有《古逸丛书》本,前些年尊经阁的影印本出来后,谁都可见《玉烛宝典》原本的样子了。而附在其后的吉川幸次郎的提要文章,简明扼要地阐明了《玉烛宝典》的文献价值,其言:

　　此书撰述之旨趣，盖在集古来时令之书，以为总汇。禹域之人自古信天人相关之说，其政法以人间之为应自然之序为职志，诸学术亦无不循此。是以《尚书·尧典》篇既倡敬授民时之说，《夏小正》篇传夏禹之法。降及周季战国之世，推步之术大辟，节候之测愈密，五行之说纷起，禁忌之语亦繁。秦相吕不韦总括为《十二纪》，以冠《吕氏春秋》之首，汉儒编《礼记》即钞合《十二纪》入编，是为《月令》篇。《逸周书》有《时训解》,《淮南子》有《时则训》，体裁皆近《月令》。哀、平之世，前汉之祚将绝，纬候之说兴起，亦盛言天人之际，后汉崔寔《四民月令》之属别为农庶。凡此诸书，均见于台卿书中。其间有述已见者，著"今案"二字以注之。每卷之末有正说、附说。正说为商订前闻之疑误，附说杂载今俗之琐事，皆博雅可喜。附说颇涉闾巷俗习，他书未道者尤多。论禹域民俗者必探源于此。盖禹域上世之俗，《礼记·月令》几乎书尽，宋以后近世之俗可征之于《岁时广记》以下诸方志。独魏晋南北朝之俗，上承秦汉，下启宋元，舍此书而无由求之。此其所以尤为贵。（中略）

　　然此书之贵不止于此。其可贵处别有二端。唐以前旧籍，全书早亡者，其佚文或存此书，一也；全书虽尚存，依此书所引可校正今本，二也。

全书既亡而佚文存于此者，以蔡邕《月令章句》为最。蔡氏为汉末大儒，后人宗仰。是以前清之世，汉学大行，诸儒争作蔡氏《月令》辑本，然观览不周，东鳞西爪，仅足成卷，不知此书所引衷然章列，几得其全也。崔寔《四民月令》亦类此。其余断圭零璧，亦殊堪捃拾。（中略）

此书所引足以校正文字者，以《礼记·月令》为最。试言其一端：《孟春之月》曰"鱼上负冰"。今本《礼记》均无"负"字，作"鱼上冰"。然《毛诗·匏有苦叶》正义所引有"负"字，此书独与之合。又曰"宿离不忒，无失经纪，以初为常"，今本《礼记》"无"字多作"毋"，独足利学校遗迹图书馆所藏旧写本作"无"。案：唐孔颖达正义所引"无失经纪者"云云，宝典之本又与之合。又"律中大簇"，郑注曰"于藏值脾"，独足利本同此书，今本"值"作"直"，而孔氏正义所见者为"值"非"直"。又《季春之月》"具曲植籧筐"郑注曰"皆所以养蚕器也"，"兵革并起"注曰"金气胜也"，独足利本同此，余本"皆"字作"时"、"金"字作"阴"。观其文义，当以作"皆"、作"金"为胜。此类尚多，烦琐不复举。非仅限《月令》篇，其余经史比比皆然，但在好学之士善用之耳。

以上举《五行大义》、原本《玉篇》和《玉烛宝典》的事例，讲述吾邦传承之旧本为补彼土之亡佚而提供辑佚资料，并谈及《佚存丛书》和《古逸丛书》等广泛收集旧本公开出版之事。然而材料并不止于此，更广泛地走访搜集新资料以促进研究发展，是我国学者的义务，也是一种特权吧。

四　校雠

经过鉴别真伪、收集佚书后，研究的资料就基本准备齐全。那么接下来的问题就是校雠。所谓校雠，刘向《别录》有言：

> 一人读书，校其上下，得谬误，为校。一人持本，一人读书，若冤家相对，故曰雠也。

这是说订正古书谬误包含看校、读校两种方法，现在理解为书籍校勘也是可取的。校雠的起源很久远。汉代《熹平石经》末尾所载校语即是当时已经重视校雠的证据，唐代陆德明对校不同版本的经典，著成《经典释文》三十卷，亦是校雠的著名事例。特别是到了清代，校雠迎来了最盛行的时期。如前述，校雠得以盛行的一个原因是不同版本书籍的收集。明末清初，中国社会中形成了一股炫耀藏书的风气，并在乾隆嘉庆年间达到高潮。叶昌炽的《藏书纪事诗》中对这些藏书家的事迹有详细介绍，其中最有名的是吴县的黄丕烈。黄丕烈字荛圃，因从明末藏书楼汲古阁得到北宋版《陶诗》，又从别处得到南宋版《陶诗》，故将居处命名为"陶陶室"。等到后来他得到一百部宋版书，又得意地改称"百宋一廛"。其友人有钱竹汀、顾千里等学者，为他校雠收集的珍本，并作跋尾、札记以阐明重视古籍珍本的缘由。荛圃也从他的藏书中选择一些尤为珍贵的古籍，复刻成有名的《士礼居丛书》赠予学界。此时，又陆续涌现出毕沅、卢文弨等学者，他们校勘古典，订正旧本的错误，嘉惠学林。这是收集古本刺激校雠，也就是校勘学发展的一个事例。

　　清朝乾嘉之际是校勘学的隆盛时代，这一时期的学者校雠所用资料多是宋元以后的版本，没有涉及隋唐古抄本。这是因为中国历史上多易姓革命，很多古老的写本都因战祸而亡佚失传。然而我国自古与中国相通，较多地保存遣隋使、遣唐使带回的隋唐古抄本，以及转写的古写本，乾嘉学者未能目睹的珍品不在少数。享保年间，荻生徂徕命门人山井鼎根据下野足利学校所藏古抄本和旧版本来校勘经书，于是山井与其同好根本逊志一起往返足利三年，山井著《七经孟子考文》，根本抄录皇侃的《论语义疏》出版。后来这两本书传到中国，收入乾隆《四库全书》，后者又收入鲍廷博的《知不足斋丛书》，而前者由阮元于江西翻刻出版。阮元后来著《重刊宋本十三经注疏校勘记》，或许就是受到山井这本考证书籍的刺激吧。阮元的《校勘记》中屡屡引用山井书的内容。这是我国所传旧钞本为中国校勘学提供珍贵资料的一个具体事例。

近来西欧学者在中亚探险，及至中国，打开了敦煌的宝库，又为学界提供了很多隋唐时期的古本。盖敦煌处在中国经中亚至印度、欧洲的要道，唐朝时是世界文化的集合点，因此此地藏有大量唐代文献绝非偶然。这些文献大部分被英国人斯坦因、法国人伯希和带走，藏于大英博物馆、法国国家图书馆，但也有一部分流入北京国立图书馆和我国一些藏家手中。我孤陋寡闻，不能完全了解这些资料的全貌，但仅罗振玉氏影印的《鸣沙石室古籍丛残》《鸣沙石室佚书》中收录的资料就有相当大的体量。此外，已故内藤湖南先生、羽田亨博士拍摄的资料，以及畏友石浜纯太郎、小岛祐马、神田喜一郎向我介绍的亦不在少数。在此我想举马叙伦教授的《老子覆诂》两册作为根据这些资料来校勘的代表性论著。《老子》的校勘有毕沅的《道德经考异》两卷，但马君的《老子覆诂》无论从其资料的丰富程度，还是从分析判断的准确性而言，都达到了难以企及的优秀水准。因此，我们必须广泛对照中国的古版书、日本传来的古抄本以及敦煌出土古抄本以校雠，确立正确的文本。这是古典研究的第一步。

　　校雠虽然看起来十分机械简单，但实际上十分繁琐，需要事无巨细。下面我根据自己的经验列举几条应该注意的点。

　　一、应当精通目录学。开展校雠，必须广泛收集各种资料。而作为收集资料线索的是书籍目录，因此从事校雠首先要根据藏书家的目录来收集资料。近世中国的藏书家目录著作有《天禄琳琅书目》《读书敏求记》《士礼居藏书题跋记》《铁琴铜剑楼书目》《楹书偶录》《皕宋楼藏书志》《仪顾堂题跋》《善本书室藏书志》《艺风藏书记》等。毫无疑问，这些藏书目录中所载书籍都是些极难入手的天下孤本，但其中皕宋楼的藏本被我国岩崎家族购得，收入静嘉堂文库。且我国的内阁文库（秘府）以及世家大族的藏书中也有与这些珍本同版本的书籍。近年来上海一带出版的石印本中也影印了这种珍贵的资料，所以我们借此可获知其内容。另外，关于我国流传的这类孤本，参考近藤正斋的《右文故事》、市野迷庵的《读书指南》、森立之的《经籍访古志》、杨守敬的《日本访书志》《留真谱》、岛田氏的《古文旧书考》、和田氏的《访书余录》及宫内省图书寮、内阁文库、南葵文库等著名图书馆的目录即可窥知其大概。这样，通过中国和日本的目录提要书籍来确定大体方针以收集资料是校雠的第一步。

　　二、应当辨明书籍的系统。虽然校雠的资料范围越广、数量越多越好，但是，文辞是非并非由多数决定。总体说来，同一系统的书无论有多少，其价值就只是一本。因此校雠首先要整理诸本，辨明系统，选择同一系统中的代表性著作使用。这样利用精选的三四本书校勘，胜于利用无方针地收集数十本书校勘。而且，辩证诸版本的系统应该参照古人的目录提要，没有的话就必须依照批注、版式等加以判别。

三、应当严选底本。校雠必须从收集的诸多版本中选择一个作为底本。底本未必古老但需精善。例如，元版书虽然比明版书更古老，但明版书中有一些直接翻刻自宋版，其质量要远胜于粗笨的元版书。日本江户时代初期的活字版书籍在年代上自然晚于宋元版，但这些活字版书籍源自日本流传的古抄本，其学术价值并不亚于宋元版书籍。因此底本的选择并不一定拘泥于出版时间的先后，而应详查其内容后确定。

四、应当注意古书中的引文。很多经典著作中的错误，都是通过古书引文而得到改正。例如，《群书治要》五十卷是魏徵奉唐太宗之命，从经典中抄录供天子参考的内容编纂而成，其引的原本是唐朝初年的善本，所以很多地方可以订正现行诸本的错误。诸如虞世南的《北堂书钞》、徐坚的《初学记》等类书，在同样的意义上也可作为校订的材料。《太平御览》一千卷虽是宋代编纂，时代更近，但是这部书是以北齐时期的类书《修文殿御览》为蓝本修著而成，故不可等闲视之。

杜台卿的《玉烛宝典》（前田家尊经阁藏）、具平亲王的《弘决外典钞》（金泽称名寺藏）、南梁庾仲容的《子钞》（敦煌文书中有断章）、唐代马总的《意林》（道藏本，周宏业校注本）等书也能订正现行本的错误，是校雠家不可忽视的资料。

五、切戒妄改。凡校雠之际，不可肆意更改正文内容。在参照书籍与底本内容有所差异时，或保留本文，另作札记加以论定；或改正底本错误，其下加注原本之字，并说明改订缘由，断不可无缘由地篡改内容。清朝经学大家王引之曾如此阐述校勘书籍：

> 吾用小学校经，有所改，有所不改。周以降书体六七变，写官主之，写官误，吾则勇改；孟蜀以降，椠工主之，椠工误，吾则勇改；唐、宋、明之士，或不知声音文字而改经，以不误为误，是妄改也，吾则勇改其所改。……写官椠工误矣，吾疑之，且思而得之矣，但群书无佐证，吾惧来者之滋口也，吾又不改。（龚自珍《工部尚书高邮王文简公墓表铭》）

其谨慎认真的学术态度，是我们必须学习的地方。

要而言之，校雠是一项看似简单实则很难的工作，只有不吝惜时间和劳力的人才能从事这一行业。学者如果不能亲自从事校雠，一定要参照前辈们努力校雠的成果。阅读经部，有阮元的《十三经注疏校勘记》，阅读子部，有浙江书局《二十二子全书》，此类著作皆是先辈学者呕心沥血的成果，不可轻视。史部和集部的书没法一一列举，但可借张之洞的《书目问答》、邵懿辰的《四库简明目录标注》、莫友芝的《郘亭知见传本书目》等问津。

五 稽疑

校雠是一种对比校订不同版本书籍，寻求客观佐证以订正错误的方法。但是，相关佐证并不总是完备。有时天下只有一个孤本，有时虽有两三个版本但因袭同一个错误。这时候我们就必须更进一步，稽考前后的文脉和句法，以决怀疑。

书籍中出现错误的情形有很多，不可一概而论，但最为常见的无外乎脱误、衍文和形讹三种。脱误是指誊写之际漏写文字，衍文是指多写了不需要的字。在我校勘古写本的经验中，以前的学者在对校不同版本知其异同时，多会在行边注记异文，或者在难读的文字旁边标注其义。这样，这些旁注就会被转写的人归入正文，形成了衍文。许多衍文都是在这种情形下产生的。因此遇到同义词语重复、异字重复的情况，就应该思考前后文的语法予以删减。与之相反，对照前后文语法感觉有缺文少字的地方时，就应该判断有文字脱漏。所谓形讹，是指字形相似而被写错。不过文字随时代而变化，由甲骨文到金文，金文到篆书，篆书到隶书、楷书，字形的相近并不只是楷书之间的近似，也有篆书、隶书以及上古文字的类似，有时还会有草书的相似。王引之的《经义述闻·通说下》中有"形讹"一项，列举了无数形讹的事例，下面试引其中二三：

《论语·乡党》"吉月必朝服而朝"中，"吉月"为"告月"之误；

《孟子·滕文公》"出而哇之"中，"哇"为"吐"字之误。《论衡·刺孟》引此句作"出而吐之"，《风俗通义·愆礼》、《白孔六帖》卷九十五、《太平御览·羽族部六》并引作"吐"，是其明证；

《孟子·离娄》"舍馆定，然后求见长者乎"中，"求"字为"来"字之误。此处"然后来见长者乎"与上文"子亦来见我乎"相应，"来"字隶书作"來"，与"求"字相似，故误作"求"；

《仪礼·觐礼》"四享皆束帛加璧"下郑注，"四"应作"三"。古书中的"四"作"三"，形似"三"而误。此即古文"四"字与"三"相似而弄错的事例。此外，古文"其"字和"六"字相似而写作"六"，又与"介"相似而误作"介"。

上文从王引之的《经义述闻》中引用两三例，事实上与之相似的事例在经典中到处都是。学者除了思考前后文意和语法加以判断外，还必须熟悉篆隶古文的字形。

以上脱误、衍文、形讹之字可稽考文意、语法以判定，但古书之中常有因为简策错乱而出现错误的情况，也有因混淆经文和注文而语句不通的情况。中国的经典一般都写在简策之上。所谓简策就是切竹为简，割简为简，将字写在简上，以韦、丝将之编连成为策书。编连竹简的韦、丝一旦断了，竹简的顺序就会错乱，竹简脱落则会使文章前后不连贯。前者称为"错简"，后者称为"脱简"。《汉书·艺文志》"尚书"条中说：

> 刘向以中古文校欧阳、大小夏侯三家经文，《酒诰》脱简一，《召诰》脱简二，率简二十五字者，脱亦二十五字，简二十二字者，脱亦二十二字。

对汉朝初年《尚书》经文脱简的情况予以说明。据此可以判定，当时的《尚书》竹简每一简可以写二十二或二十五个字，脱简之处也总是脱二十二个字或二十五字及其倍数。

今本《尚书·汤誓》篇有这样一节，其言：

> 王曰："格尔众庶，悉听朕言！非台小子敢行称乱，

有夏多罪。二十二字（一）1

天命殛之，今尔有众，汝曰：'我后不恤我众，舍我穑事而割正。'二十三字（二）3

予维闻女众言，夏氏有罪，予畏上帝，不敢不正！今'夏多罪'。二十二字（三）2

女其曰：'夏罪其如台。'……"（四）4

而《史记·殷本纪》中所引《汤誓》的顺序却是按照数字 1、2、3、4 的顺序，段玉裁的《古文尚书撰异》据《史记》改现行本《尚书》。想必现行本出现这种情况就是因为竹简错乱吧。而且，被认为是错简的部分是二十二三字的变动，与《尚书》竹简一简的字数相吻合，这也是很有趣的事情。

根据王充的《论衡》和《孝经钩命决》记载，过去六经的简为二尺四寸，但《孝经》用一尺二寸、《论语》用八寸。二尺四寸的简能容纳二十二到二十五个字，那么《孝经》简应该能容纳十二三字，《论语》简则能容纳八九个字。现存《孝经》的《圣治章》中有以下两节文脉不通：

故亲生之膝下，以养父母日严。圣人因严以教敬，因亲以教爱，圣人之教不肃而成，其政不严而治，其所因本也。四十三字 1

　　父子之道，天性也，君臣之义也。父母生之，续莫大焉；
君亲临之，厚莫重焉。二十八字 2

　　元代学者吴澄认为 1 是错简，并将其移至 2 的后面。我们
结合《汉书·艺文志·六艺略》中所引"父母生之，续莫大焉，
故亲生之膝下"来思考，就会觉得吴澄的改订大概是准确的。
那么 1 部分的四十三个字或许就是错置的四根简的文字。
　　《论语·尧曰》的"子张问政"章之前，有"宽则得众，
信则民任焉，敏则有功，公则说"十六字，但此十六字与前
后文无关，深有唐突之感。然而《阳货》篇的"子张问仁"章
中有

　　子张问仁于孔子。孔子曰："能行五者于天下为仁
矣。""请问之。"曰："恭则不悔，宽则得众，信则任人焉，
敏则有功，惠则足以使人。"

其末尾四句与上面所述十六字基本一致。于是，清儒瞿灏的
《四书考异》和我国学者丰岛丰洲的《论语新注》等，都认为
这十六个字是"子张问仁"的断简。此十六字最后的"公则
说"虽然和"子张问仁"中"惠则足以使人"不一致，但"公"
字原本系老庄的用语，《论语》中"公"字仅在此处出现，则

可以想象"公"字或许是"惠"字损坏而仅剩了中央的部分，"说"字亦是"足"字误作"兑"字，后又被改作"说"。如此，此十六字便应如瞿灏、丰洲所言，视作是"子张问仁"的断简。而《古论》中分《尧曰》篇的下半部分"子张问政"为单独一章，则或许《古论》中《阳货》篇的"子张问仁"与《尧曰》篇的"子张问政"当合起来独立成章。《鲁论》中"子张问仁"移至《阳货》篇，此处仅留断简十六个字。而且，想到这十六个字相当于《论语》八寸简两枚的字数，也会觉得这个观点值得玩味。

要而言之，经历了简策时代的经典难免会有错乱的情况，所以我们必须根据其前后文和字数来辨别错简之处。

自东汉蔡伦发明造纸术以来，简策就逐步被废弃，为卷子本所取代。所谓卷子本，就是将纸张卷成一束的卷轴。在后世方册书流行之前，所有的书籍都是卷子本的形式。这种卷子本也有不少在日本流传，最近随着敦煌秘库的发现，很多都被探险家运到欧洲。我在大英博物馆调查斯坦因所收敦煌古写本时，看到《老子》河上公注的残卷。它的经文和注是用同样大的文字写在一行，仅用一字空格区别。也就是说，两三句经文后空一个字写注文，注文写完后再空一字写经文。这跟后世书籍中经文用大字，注文用双行小字夹注的形式有所不同。这是经注本的一种古老形式，早稻田大学所藏六朝钞本《礼记子本疏义》残卷也是同样的形式，经文、注文和疏文仅以空格区别。如果这种写本在转抄的时候稍不留神，忘记留出一字空格的话，就会混淆经文和注文，通读不畅。郦道元的《水经注》在戴震整理之前，就因经注混淆而几乎无法通读，想必就是因为这种古卷子本的形式导致的吧。那么，现在像《庄子·齐物论》这样非常难以读懂的文章，是否也像《水经注》那样，是因为注文混入正文呢？总之，经历过卷子本时代的古籍多少都会有经注混淆的情况存在。

六　训诂

读书的第一阶段在于校雠，第二阶段当在于正训诂。所谓正训诂，即是通晓文字学问的意思。

汉字都有形、音、义三个方面。形是文字的形状，音是发音，义是其含义。换而言之，义即借由文字表现出的概念，音是语言，形则是表示语言的符号。从其发生的顺序来说，应该是先有概念，然后用语言表达，最后用文字写出，但研究的顺序正好与之相反，应该先从字形开始，然后是字音，最后到达其概念。因此，这里先讲字形。

一、字形随着时代变迁而变化。现存最早的汉字是甲骨文，即刻在龟甲兽骨上的文字。它们是殷商时代的文物，所以是距今三千年前的文字。后代的周朝的文字因为都刻在青铜器上，被称为金文。之后的秦汉时代，文字多被刻在石碑上，或许可以称其为石文，而石文就是篆书和隶书（后世的石碑多是楷体碑，但秦汉的碑文皆是篆书和隶书）。东汉以后，纸张开始被使用，写在纸上的文字多是楷书、行书和草书。因此，中国的文字由甲骨文变成金文，由金文变成篆书、隶书，由篆书、隶书变成楷书、行书、草书。

东汉时出现学者许慎根据篆书研究文字的构造，说明其意义，著成《说文解字》十五卷。这是中国最早的一部系统说明文字的著作。根据许慎的研究，所有文字都是按照象形、指事、会意和形声这四个原则创造。所谓象形，就是以符号描绘事物的形象，"日""月"等字就是象形文字。所谓指事，是指用来表示抽象概念的符号，"上""下"等字就是指事文字。象形和指事文字因为都是一种纹样，所以都称为"文"。然而，社会现象非常复杂，仅靠象形和指事文难以完全表达，于是就产生了会意字和形声字。会意是指将两个独体字组合，表示其意义，"武""信"这些就是会意字。武由"戈"和"止"组成，有停止战争的意思。信是"人"和"言"的组合，表示不可违背人言。因为是将两个字组合，折中两者的含义来表达新的意思，所以就称其为"会意"。形声是取一个文字的意思、其他文字的发音构成一个新字，"江""河"这类字就是形声字。"江"是发音为"工"的水,"河"是发音为"可"的水流。会意、形声是以象形和指事文字为基础孳生而来,所以称其为"字"。字即孳生之意。许慎的《说文解字》因为是说明象形、指事之文,解释会意、形声之字,所以取"说文解字"为名。

许慎从九千三百五十二个汉字中选取了相对比较简单的五百四十字作为部首,各部首下收集与其相关的会意字和形声字,系统地解明所有文字,完成一部极其出色的著述。所以后世从事文字字形研究的学者必从此书入手。而且,研究解释这部书的著作非常多,其中最为杰出的当属清儒段玉裁的《说文解字注》十五卷。初学者应该依靠这部书来读《说文解字》。

许慎的《说文解字》是不朽的名著,但它是基于篆书来考察、研究,等到清代金文和甲骨文研究兴盛后,就偶尔显现出缺点。但这也仅是部分性缺点,不减《说文解字》整体的价值。因此,我认为从事字形研究的人还是必须参考许慎的《说文解字》,而读《说文解字》则一定要从段玉裁的《说文解字注》入手。通过段氏的注文参透许慎的学问后,方可进一步根据金文和甲骨文来修正《说文解字》的错误。进入金文和甲骨文研究领域,参考吴大澂的《说文古籀补》和《字说》,以及罗振玉的《殷墟书契考释》为宜。最近出版的贝塚茂树的《中国古代史学的发展》也是指导此方面研究的名著。该书本是基于金石阐明中国古代的历史,但对如何利用金石材料有非常周密的叙述，所以对从文字学角度利用金石的学者来说，也是值得参考的名著。总之，与《说文解字》相关的著述非常多，我们很难逐一看到。丁福保的《说文解字诂林》搜集了这些资料，但我们阅读的时候不免有多歧亡羊之感。因此，我认为不如仔细阅读段玉裁的《说文解字注》以夯实基础。对从事文字研究的学者来说，夸耀博学多识和竞立新说是很容易陷入其中的弊病的，必须深以为戒。

二、字音。正如文字的字形会随着时代的推移而变化，文字的发音也会随时代而变化。但中国古代没有记录字音的表音文字，新的字音出现，古音就立刻消失不存。所以研究古音除了利用韵书以外别无他途。

中国的韵书以曹魏李登的《声类》十卷、晋朝吕静的《韵集》六卷为先驱。但这两本书今已亡佚失传，不详其内容。据说它们是先把文字分为宫、商、角、徵、羽五声，然后在各声之下依韵收字。而后，梁朝周颙著《四声切韵》、沈约著《四声谱》，放弃五声的区分法，以平、上、去、入四声来区别声韵。与之前后，夏侯该的《韵略》、阳休之的《韵略》、李季节的《音谱》、杜台卿的《韵略》等著作相继问世，隋朝陆法言基于周颙、沈约的四声说，折中前人韵书，撰成《切韵》五卷。陆法言，名词（或慈），陆爽之子，隋开皇初年与刘臻、颜之推、魏渊、卢思道、李若、萧该、辛德源、薛道衡等八人共同研究音韵，折衷吕静、夏侯该、阳休之、杜台卿的韵书，于仁寿元年（601）完成《切韵》五卷。这是中国音韵史上划时代的著作。之后，长孙讷言将其进一步增补笺注，孙愐将其修订著成《唐韵》，降至宋代大中祥符年间，陈彭年等人奉敕重修《广韵》五卷。而后，陆法言的《切韵》、孙愐的《唐韵》不知在何时失传，今存的只有《大宋重修广韵》五卷。不过，《唐韵》《广韵》都是修正陆法言《切韵》的古典韵书，与当时实际的发音差别很大，所以大体能以《广韵》代替陆法言的《切韵》。因此后世学者都是从《广韵》出发回溯研究古韵。近世古韵学的提倡者顾炎武探究《诗》的押韵，撰成《诗本音》，又检出《易》的押韵撰成《易音》，后将此归纳为古音十部说，并基于此订正《广韵》的发音，撰成《唐韵正》，论述古音梗概而著《音论》。《诗本音》《易音》《古音十部表》《唐韵正》《音论》五部书统称为"音学五书"，是清朝古音韵学之魁。其后江永著《古韵标准》，提出了十三部说，江永的门人戴震撰写了《诗声类》《声韵表》，提出了十六部说，戴震的弟子段玉裁撰《六书音均表》，提出十七部说，王念孙和江有诰则提出了二十一部说。以上这些都是基于《易》《诗》《离骚》的押韵来整理《广韵》的著作，不过段玉裁的《六书音均表》也提倡基于《说文解字》的形声来确立古音分部的方法，江沅基于此著成《说文解字音均表》，张成孙则撰成《说文谐声谱》，根据说文的形声提出二十一部说。这样，基于《广韵》的分部与基于《说文解字》的分类似乎都归到了二十一部之说。经过清朝学者如此苦心孤诣的研究，文字发音从古至今的过程得以明确。

这种发音的时代变迁也反映在了日本的发音假名上。日本钦明天皇时期佛教传入，应神天皇时期汉字传入，但这些都是经朝鲜半岛传来的中国文化，当时流传来的汉字的发音称为吴音，大体与陆法言的《切韵》相同。之后日本开始与唐王朝有了直接交流，唐代的发音就通过遣唐使和留学僧侣传入日本。现在日语中称作"汉音"的读音即是此。不过，我国经典如《古事记》《日本书纪》《万叶集》等还留存着比汉音、吴音更古老的发音。经过大矢透博士的研究，这些发音被认为是中国周朝时期的古音，与《诗经》《楚辞》的押韵一致。当然，其读法多有讹误，但这些以假名记录古老发音的著作仍是了解汉字古音的有力资料。阅读经典就有必要了解其中的古音。据说唐代玄宗皇帝认为《尚书·洪范》"无偏无颇，遵王之谊"一句中，"颇"和"谊"不合韵，于是下诏将"颇"改为"陂"，但这是因为玄宗并不知道"谊"的古音是"贺"（ga），与"颇"（ha）合韵。顾炎武在《唐韵正》中将"谊"注成"贺"，我国的《元兴寺缘起》中所引《丈六后背铭》中也把"苏我"写成"巷宜"，表明此处的"宜"字或者从"宜"声的"谊"字都读作 ga，与"颇"（ha）合韵。不了解音韵的变迁就很难正确地读懂古书，这也是古音研究的必要所在。

三、字义。文字的意义有本义、转注义和假借义三种。本义是文字本来的意义，转注义是后来转化的意义。举个例子，“道”字在金文中是“行”字中间有“首”和“止”的字形，“行”字在甲骨文中写作“”，用绘出十字路的象形文字来表示道路。写在中间的“首”字是表音符，“止”字在金文中写作“”，表示脚后根，因此“道”是发音为“首”，表示用脚走过“”的字，本义是道路。因为道路是人可依靠的地方，转而成为人们必须遵守的道德法则之意。《论语》中“吾道一以贯之”中的“道”和《中庸》中“道也者，不可须臾离也”中的“道”，都是道德法则的意思，这是“道”字的第一转义。当人们认为道德法则不是人为随意制定而是自然道理之显现的时候，“道”字就进一步表示宇宙原理。《老子》中以“有物混成，先天地生”说明的“道”，以及《易》中“一阴一阳谓之道”的“道”，都是指宇宙原理，这是“道”字的第二转义。像这样从本义中脱离出来并逐渐变化的意义就称之为“转注义”。文字总是本义和转注义混用，学者不能拘泥于其中一面。

转注义是出自本义，转化成与之相仿的意思，但假借义却与本义无关，只是假借发音类同的字来表达使用场合的意义。例如，“导”（導）字在《说文解字》中有“从寸道声，引也”的记述，本义是引导、教导的意思，但从教导转而用于“治理”。

《论语》"导之以政"中的"导"字是其本义，但"导千乘之国"中的"导"则是"治理"的意思，应该是转注义。而"导"字在现行本《论语》中变成了"道"字，应该是以"道"字代替"导"字，注"道"为"治也"说明这是假借义。古书中这种假借字非常多。所以古人的注释中往往有"某读为某"的内容，是在说明某字是假借字，所以将其解释为本字的意思。从假借字的音推测到本字就极其明了的文章，若拘泥假借字而解释，则陷入曲解之中，意义难明。所以我们在阅读古书的时候，就有必要思考假借字的本字，其线索就在思索其同音或者近音的字。古典研究中之所以重视音韵的研究，主要也是这个缘故。

阐释假借义最成功的学者当属高邮的王氏父子，即王念孙和王引之二人。二人分别著有《读书杂志》和《经义述闻》两部名著，努力归纳很多用例以找出假借字。这里列举其中的一个例子：《孝经》"卿大夫"章有"口无择言，身无择行"一句，以前的注释家都把"择"解释成"选择"，不得其意。而王引之认为此处的"择言"与《尚书·吕刑》中"罔有择言在身"的"择言"同义，"择"（擇）是"斁"或者"殬"的假借，表示败坏的意思。《尚书·洪范》中有"彝伦攸斁"，并有"斁，败也"的注释，《说文解字》中"殬"字下面也引用了《尚书·洪范》的"彝伦攸殬"，注有"殬，败也"。"择""斁""殬"三字均为"睪"声，过去同音，自然就假借"择"代"殬"。(《经义述闻》卷四）这是相当条例清楚的解释吧。王引之的《经义述闻》和王念孙的《读书杂志》中，此种卓见不遑枚举。而且，这些基于古韵学的研究也证实了王念孙的古韵二十一部说是古韵研究中最有力的成果。

要而言之，中国的文字包含形、音、义三个方面，每一个方面都有必要的研究，但最终目标在于参透字义这一点。字义分为本义、转注义和假借义三种，研究本义应该以《说文解字》为基础溯至金文和甲骨文，理解转注义、假借义则必须从《尔雅》和《广雅》入手。关于《说文解字》，前面我已有叙述，这里就简单说一下《尔雅》和《广雅》。《尔雅》是一部收集了历史上不同时代的同义词、地理上不同地方的方言，并用"雅言"也就是标准语加以解释的书籍，而《广雅》可看作《尔雅》的补遗。但是，《尔雅》《广雅》仅仅用雅言解释了收录的同义异言，并没有说明这是哪里的方言，以及什么时期的语言。于是汉朝的扬雄撰写了《方言》十三卷，说明各自是哪里的方言，晋朝的郭璞又进一步从经典中搜索每个字的出处，表明其是哪个时期的字词。邵晋涵的《尔雅正义》、郭懿行的《尔雅义疏》、王念孙的《广雅疏证》等清儒名著，都阐明其在经典中的出处以及是何地的方言。因此我们通过这些研究，就能够理解文字的本义是如何随着时代或者地域而发生转化，以及何种字词被借用其他种字词等问题。但是这些都是非常难的问题，期月之努力是难以达到的。所以我推荐大家使用朱骏声的《说文通训定声》作为更简便的方法。朱骏声，字丰芑，号允倩，江苏吴县人，咸丰八年（1858）卒，享年七十一岁。他自幼好读《说文》，集多年之功写成《说文通训定声》三十二卷。该书按照古韵分部排列文字，每个字下面先根据《说文解字》阐明其本义，并举例说明；然后标出"转注"二字，举例说明其字义如何转变；最后再标"假借"二字，举例说明该字如何被借用，并说明其假借义；最后说明该字在经典中与何类文字押韵。因此我们通过这本书就能知道文字的本义，以及其含义如何转化，又如何被借用。在文字训诂领域没有比这更为便利的书吧。

七　整理

我们说到研究经典第一要鉴别真伪，去伪存真，第二要校雠、稽疑留存的真书，第三要对校雠好的书辨明训诂，理解文字真正的意思。这些都是为准确理解一部书而做的准备，但研究不应止步于此。我们还必须再进一步，查遍古今前后，以弄清每一种文献的地位。一种文献受到之前文献的哪些启发，又对之后的文献产生哪些影响，与同时期的文献有什么关系，这些都必须弄清楚。而综合整理这些文献，就必须把所有文献按照年代顺序排列，那么首先就必须通晓各种文献的历史背景。

中国的史籍卷帙浩繁，大致可分为纪传体和编年体两种。《史记》《汉书》以下二十五史属于前者，而《春秋左氏传》《资治通鉴》《宋元通鉴》等是后者的代表。这两种体例各有长短，但对我们进行文献整理而言，还是纪传体的历史更为便利。因为假如我们要想了解经学思想的问题，就可以阅读《儒林传》；要想一窥文学的变迁，便可观览《文苑传》。我们进行经典整理，必须先了解与之相关的历史。但是历史的记载都是传统的通说，我们还必须进一步深入挖掘，订正传统解释。

例如，按照《史记·老子传》的记载，老子是孔子的前辈，曾做过周王室守藏室的史，晚年辞官离开周地，为关尹喜作《道德经》五千言。但是，现存的《道德经》上下篇中充满批判儒教、欲出其上的味道，似乎老子反而是孔子之后的人。这显然与原来的传说相反，但如此理解后，《道德经》五千言的意思清楚，儒家和道家的历史关系也明晰可见。不过，这样的研究很容易陷入独断的歧途，弊端很多，因此必须树立严正的尺度标准。这里向大家介绍一下富永仲基的"加上"法，作为一种尺度标准。

　　我最初知道富永仲基，是大正十一年左右在大阪怀德堂，聆听已故内藤湖南先生所做题为"大阪的町人学者富永仲基"的演讲。当时一起参加讲座的，还有畏友吉田锐雄、石浜纯太郎，听后我们三人都对富永仲基的学问敬服。在这之后，吉田君撰写《池田人物志》两卷，其中有详细的富永仲基传记。石浜君研究富永仲基的著述，在创元社出版了《富永仲基》这部名著。我仅读了富永仲基的《出定后语》和《翁之文》，没有什么创见，但在敬佩仲基的学问方法论这一点上与两君一致。恰好当时我推崇清朝考证学者的方法，奉之为金科玉律，但随着自己思考的不断深入，越来越觉得单凭这一方法很难打开新的研究局面，内心有行至末路之感时，刚好受到内藤湖南先生演讲的启发，让我觉得在考证学的道路上吸纳富永仲基的方法论，便可打开僵局。我迅速到大阪府立图书馆借阅《出定后语》，熟读之后愈发感激。从那以后，我在思考中国思想发展的问题上学习了仲基的方法论，因此我的研究若有些许新意，可以说是从仲基这里学来的。此处根据内藤湖南先生的讲座内容以及两位好友的论著，略述富永仲基的学问。顺便说，湖南先生在之后的大正十四年（1925）四月五日大阪每日新闻社"大大阪纪念演讲"上又做了同名演讲，但对前讲内容做了一些修订，其笔记收入最近的《先哲的学问》中，使我们也能看到。

富永仲基，初名德基，字仲子，后来从名、字中各取一字自称仲基。通称三郎兵卫，号南关、蓝关、谦斋等。其父芳春是怀德堂五同志之一，以酿造酱油为业。初娶金崎氏，育有两男；后迎安村氏，育有三男三女。世系图如下图所示：

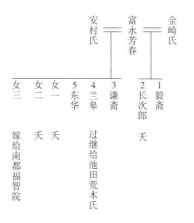

仲基，也即谦斋，是芳春的第三子，生于正德五年（1715），卒于延享三年（1746）八月二十八日，享年三十三岁。父亲芳春曾受教于怀德堂的三宅石庵、五井兰洲，仲基也跟随石庵学习，但享保十五年（1730）仲基十六岁时老师石庵去世，则他随其学习至十六岁。正好这时摄津池田有位叫作田中桐江的学者，仲基的弟弟兰皋早先就跟桐江学习，所以仲基或许也转入桐江门下吧。桐江曾仕于甲府的柳泽吉保，因事而一时隐身仙台，后隐居池田，设诗会"吴江社"教授爱风雅之士。该社出版的诗集《吴江水韵》第一集（享保十九年）、第二集（享保二十年）、第三集（元文元年［1736］、元文二年）中都有仲基的诗，所以石庵去世后仲基应该投到桐江门下。这些诗中有"几年婴痼疾，向日出尘埃""龙蛇岁暮病何回，伏枕鸿都怀未开"等，可知他当时已经得病了。

据僧人慧海潮音所撰《捆裂邪网篇》，仲基曾被委托校勘黄檗版《大藏经》，读过一些佛教书籍。《池田人物志》的编者吉田锐雄引用了仲基的《相逢行》：

> 二郎游官去，三郎在他家。
> 大郎好任侠，四郎好丽华。
> 难得者黄金，易得者非毁。
> 尤喜双亲全，何为行未已。
> 大家何所有，盆水储金鱼。
> 鱼跃水亦泼，譬之吾离居。

其中解释"二郎游官去"是仲基受雇校勘黄檗版《大藏经》而离家，此外大郎毅斋的任侠、四郎东华的华丽或许成祸，富永家未得圆满。总之，仲基对佛教典籍涉猎广泛，其真知灼见披沥于《出定后语》中。要言之，富永仲基最初跟随石庵学习儒学，中途又跟桐江练习诗文，之后校勘黄檗版

《大藏经》，通晓佛教，著《说弊》《翁之文》《出定后语》三书，批判儒教、神道和佛教。三书之中《说弊》很早就亡佚，《翁之文》在很长一段时间内处于失传的状态，但晚近吾师内藤湖南据龟田吟风所得一本影印出版，现在容易看到。而《出定后语》（两卷）是被国学大家本居宣长在《玉胜间》中极力称赞的著作，为其称赞所动，平田笃胤百方搜索不可得，向各地的书店订购该书，后偶然在大阪书肆的仓库里发现此书刻板，就购买到几部新印本。现在这部书偶尔会在古书店的目录上看到，传本不少。这部《出定后语》是富永仲基的核心著作，其学问方法在这部书中得到详尽阐释。

前面提及《出后定语》是批判佛教的著作。佛教的典籍卷帙浩繁，其中蕴含着种种不同的思想。过去的学者解释说，这些不同的思想是释迦牟尼佛根据听众的悟性资质而说法。然而富永仲基认为这些不同的思想是讲述佛教漫长发展历史的资料积累。然而，印度是思想上很发达，但历史上鲜受关注的国度，甚至没有可作依据的纪年。那么如何处理这些历史蒙昧期的文献，以说清佛教发展的历史痕迹呢？这自然是重大的问题。于是富永仲基就推敲各种佛教文献的内容，将其分为几类。他的分类标准是"言有三物"。所谓"言有三物"，第一是"言有人"，第二是"言有世"，第三是"言有类"。第一的"言有人"，是指所有的经典都是由说者所属学派用独特的表达方式来展现。比如华严的"法界"、涅槃的"佛性"、般若的"一切种智"、金光明的"法性"、法华的"诸法实相"，以及般若中没有"佛性"之语、阿含中没有"陀罗尼"之名便是如此，这些是各学派的一家言中展示各自主张之处的词句。第二的"言有世"，是指所有语言都随时代而变化，语言有时代风貌。比如，罗什的"恒河"是玄奘的"殑伽"、罗什的"须弥"是玄奘的"苏弥卢"、罗什的"观世音"是玄奘的"观自在"之类，我们可以通过其用语思考经典的时代。这就是富永仲基的所谓"言有世"。第三的"言有类"，是指同样的词语也有不同的使用方法，不能等同视之。富永仲基将其分为五类。所谓五类，富永仲基在《言有三物第十一》中列出了"偏""张""泛""矶""反"五类，但在《杂第二十五》中列出"张"和"转"两类。"矶"字似乎是"机"字的形讹，与"转"字同义。《尚书·尧典》中"璇玑"之下马融注："玑，浑天仪，可转旋，故曰玑。"郑玄注文中也有"动运为机"，所以"机"是"转"的意思。因此"言有三物"中的"矶"是"机"之误，当为《杂第二十五》中的"转"。因此"言之五类"应该是"偏""张""泛""转""反"五类。

（一）"偏"与"泛"相对，"泛"有普遍抽象的意义，而"偏"则是相对的局部具体的含义。因此富永仲基的解释是，"偏"即"实"，因实而不乱。也就是说，"偏"是有实际含义的语言，应是指语言的本义。

（二）"张"是张大之意,指增加语言本义而使用。比如,《增一阿含起世经》等中称段食、更乐食、念食、识食为四食,但保留"食"字本义的仅是开始的段食,衣裳、伞盖、香华等被称作更乐食,念想被称作念食,认识被称作识食,这些都是扩大本义的用法,称为张说。如《维摩诘经》中纳须弥山于芥子、在毛端显出宝刹这种不合逻辑的夸张表现手法,也是张说的一种。古今的记录中有很多张说,学者必须很好地领会。

（三）"泛"是指普泛的表达。比如,"如来"一词是如而来之意,本来是指心体,但如《楞伽经》中"如来藏是善不善因"、《般若经》中"一切众生皆如来藏"那样,其原本不夹杂善恶的普遍性含义,一转而为成德之名,变成善意。

（四）正如《胜鬘经》中"如来法身,不杂烦恼藏,是如来藏",《如来藏经》中"一切众生嗔痴诸烦恼中,有如来身"那样,"转"是指"如来"本来的普遍性意义转为"成德"之名。古代有位叫竺道生的人,看到法显翻译的《泥洹经》中有"除一阐提,皆有佛性"一句,就提出了纵然是一阐提,但只要是人就有佛性的主张,震惊时人。及大品传入,其《圣行品》中有"一阐提人,虽复断善,犹有佛性"一句,于是众人皆敬佩道生的卓识。一阐提（Icchā ntika）本义是没有佛性,这里逻辑性地推演判断,将之解释成有佛性,即是其转义。所谓"转"即是穷究普遍性的语义，将之进一步转化为更加深远的含义。

（五）"反"是指将本义转化为相反的意思。例如，梵语中"钵剌婆剌拏"（Pravāraṇā）一词，旧译成"自恣"而新译中作"随意"。"自恣"一般是表达负面意思的词，但这里的"自恣"是类似"随意"一样表示正面意思的词。这就是"反"的一个事例。要而言之，"偏""张""泛""转""反"这五类表示的是同一词转化成不同的含义，"偏"的原义在夸张的过程中被普遍和抽象的"泛"义取代，"泛"义转而特别表示其一方面的意思，在不断转换的过程中就与本义完全相反。这就是语义变迁的法则，不仅是词汇，所有思想都是遵循这样的脉络而变化。因此，有时候即便是用同一词，其表达的内容也会因使用者不同而不同。相反，有时候即便是不同的词，表述的也可能是同一个内容。所以了解语言的三物五类，对一切文献进行批判和分类，是学问的出发点。富永仲基对此作了如下阐释：

> 凡言有类、有世、有人，谓之言有三物。一切语言，解以三物者，吾教学之立也。苟以此求之，天下道法，一切语言，未尝不错然而分也。故云三物五类立言之纪，是也。（《出定后语·言有三物第十一》）

富永仲基按照这种方法读一切经书，将其分为阿含、般若、法华、华严、大集涅槃、顿部楞伽、秘密曼陀罗等七部。在此，他为了确定此七部前后顺序而建立了"加上"法则。

所谓"加上"法则，是指一切思想学说都是在既存的思想上增加而发展的。《翁之文》第九节所言"凡说古道而弘新法，必有继承以为祖，而又出于前说之上，此为定论也"，正是说的这个意思。也就是说，思想和学说是自然发展的事物，没有发展就不能产生思想学说的主张。有主张，则必是从此前的学说中找出不同的地方，或者反驳此前学说的不足之处。富永仲基称前者为"栋异"，称后者为"贬异"，因为是通过栋异、贬异提出自己的学说主张，所以称为"加上"，而思想学说就这样通过不断地加上而发展。因此就可以确定，加上的思想学说是在被加上的思想之后兴起的。这就是富永仲基学问方法的标准和尺度。他也正是依据这个标准、尺度确定了上述七部分前后顺序。

（一）考佛教创立的前后，则它始于外道。外道凡九十六种，皆宗天以生天，释迦佛欲出其上，便主张以七佛为宗、离生死。释迦佛没后，三藏即阿含部经典得以结集，但这些皆以有为宗，还不是方等微妙的法门。

（二）于是，主张诸法皆空的般若起，加于小乘的有宗之上。

（三）接着，法华主张诸法实相，出于此前的空、有两宗之上。法华主张"四十余年，未显真实"，即认为从前的教义都是愚法，法华之法门是第一，加诸法实相于空、有二宗之上。

（四）接着，从《华严经》中出现"般若波罗蜜""诸法实相"之语来看，它明显是《般若》《法华》之后的经典。而《华严》又说是佛祖成道之后最初讲授的圆满修多罗，则它排斥从前的大乘，予以加上。

（五）接着，《大集经》和《涅槃经》的思想、用词相似，应出自同一派系。这一派折中大小二乘，所以是大小乘佛经兴盛之后出现的吧。

（六）以上诸派前后兴起，主张各异，不胜繁琐，所以顿部之派兴起。这一派的核心经典是《楞伽经》，该经主张舍离名字之相，以一真心悟入，其言直切，不依文字，直达佛心，则它是排斥从前诸派而在其上出现的。

（七）秘密曼陀罗之派主张以一切智智兼摄诸家，归重与毗卢遮那阿字门，其经典中有"契经如乳，调伏如酪，对法如生酥，般若如熟酥，总持门如醍醐"，暗示这一派是最后兴起的。而且，此派经典长久秘藏于铁塔，龙树将之公布于世，也表明其应该是最后出现的教派。仲基如此确定七部的前后次序后总结道：

　　诸教兴起之分，皆本出于其相加上，不其相加上，
则道法何张，乃古今道法之自然也。(《出定后语·教起
前后第一》)

　　要而言之，富永仲基以"加上"的法则批判所有文献。

　　《出定后语》是一部佛教批判的著作，不过他在《说蔽》
和《翁之文》中分别对儒教和神道进行了文献批判，其标准
也是"加上"法则。《说蔽》今已失传，这里引用《翁之文》
的一节以呈其概略。

　　孔子祖述尧、舜，以文、武为宪章，主张王道之说，
是在当时齐桓、晋文专崇五伯之道的基础上提出的。墨
子崇尚尧、舜，主张夏道，又是在孔子以文、武为宪章
的基础上提出的。而杨朱言帝道，推崇黄帝等，则又是
在孔、墨主张的王道的基础上提出的。许行说神农，提
倡庄、列之辈的无怀、葛天、洪荒之世，又是在上述基
础上提出的。这些俱是异端，即便均是孔子之道，也分
儒为八家，各自托孔子之说而出其上。告子主张性无善
无恶，是在世子性有善有恶之说之上提出的，孟子主张
性善说又是在告子性无善无恶之说的基础上提出的，荀
子主张性恶论则又是在孟子性善说的基础上提出的。乐

正子作《孝经》，托曾子之问答而主张孝道，则又是舍弃诸道、重新思考之说。宋儒不知此点，皆以之为一；近来伊藤仁斋又认为只有孟子继承了孔子的血脉，余他之说皆是邪说；荻生徂徕认为孔子之道承自先王之道，而子思、孟子等人归于此，这些见解皆有大错。如不了解此之始末，请见《说蔽》一文。（《翁之文》第十一节）

读过上述这段文字，就会明白富永仲基也用"加上"法则阐释了中国思想的发展历程。富永仲基的文献批判原则只有"加上"这一则，但我相信它虽然极其简单，但是一则在任何领域都能运用的杰出法则。

上述对富永仲基的阐述，主要是抄录故湖南夫子的《大坂的町人学者富永仲基》（《先哲的学问》）、畏友吉田锐雄君的《池田人物志》、石浜纯太郎君的《富永仲基》（"创元选书"第六十二），再稍加愚见而成，几乎没有我自己的研究。但我对富永仲基的"加上"法则有一种由衷的敬意。清儒的考证非常缜密准确，但它必须有资料，然而这种资料并非总是存在。如果碰上资料缺失的问题，考证就无从下手。在这种情况下，仲基的"加上"法则就能填补这一缺陷，打开研究的新局面。在此意义上，我对富永仲基的"加上"法深表礼赞。在汉学研究的很多地方都很适合运用这一法则。

第二章

文字学

叙说

汉字的研究在中国被称为"文字学"还是近些年的事情，但这门研究早在两千年前就已经开始了。只是过去不叫"文字学"，而是称作"小学"。之所以称之为"小学"，是因为当初文字的学问是作为经学入门而授于幼童的，但今日的文字研究变得相当复杂，与其说是经学入门，倒不如说是作为经学根基的一门卓越、专业的学问。而且它不仅是经学，也应该是涉及中国文献的所有学问的基础。晚近清朝的学问因为非常精细而受到尊崇，也是因为其基础坚固。清朝的大儒戴震所言"经之至者，道也。所以明道者，其词也。所以成词者，字也。由字以通其词，由词以通其道"（《戴东原集》卷九《与是仲明论学书》），道明了文字学是经学的基础，而对于要处理汉字文献的所有学问来说，也是同样的道理。日本的文献也离不开汉字，所以日本的研究者涉猎一些中国的文字学也并非毫无益处吧。

日本的假名是表音文字，每字仅有一定的形与音而没有具体的意义，但汉字是以象形为主的文字，每个字除了形与音之外还有具体的意义。因此研究汉字，就必须要从形、音、义三个方面考察。人的思想多通过语言表达出来，语言由文字记录，文字的意义就是其思想，音是其语言，而形则是文字本身。从表达顺序来看应该是先有思想，接着是语言，最后是文字，但从研究的顺序来说，从文字的形再到音、义更为便利。因此我们首先考察文字的形，然后是其音和义。

第一节　文字的形

一　字形的变迁

根据传说，中国的汉字是黄帝的史官仓颉所创，但这一传说是否属实存有疑问。何况仓颉所创文字究竟是何种形状亦难以判明。在现存资料中，最古老的文字应该是甲骨文。

　　所谓甲骨文，是殷商时代刻在龟卜所用的龟甲、兽骨上的文字。中国古代人用龟卜来占吉凶一事，因《周礼·春官宗伯》有载而早为人知，但是长期以来没有发现可以佐证的实物。光绪二十五年（1899），河南安阳县以西五里的小屯村出土了大量龟甲、兽骨碎片。这些碎片上刻有文字，其字体与后世文字相差甚远，所以最初没有人能够解读。而后，其中的许多碎片归于丹徒（今江苏镇江）的刘铁云之手，刘氏将此做成拓本并石印，编成《铁云藏龟》公之于世，首次引起了学界对甲骨的关注。当时精通文字学的孙诒让解读这些古文字，著《契文举例》。接着，罗振玉编印《殷墟书契》前后编和《殷墟书契菁华》，出版《殷商贞卜文字考》以及《殷墟书契考释》等著作，其门下出王国维，做出精密研究，最终证明这些龟甲兽骨碎片是商代龟卜的遗物，上面所刻也是殷商文字，且显然是我们现在所能见到的最古老的文字。

　　甲骨文之后的文字是金文。所谓金文，是指刻在钟鼎尊彝等古老铜器上的铭文的文字，从《礼记·大学》篇引用殷朝的《汤盘铭》、《祭统》篇记载《孔悝鼎铭》可知这种文字在商周时也已存在，由东汉许慎的《说文解字》序文则可知汉朝学者早早就注意到了这种铭文的文字。魏晋至宋初的七百多年间，这种古器物似乎未受到太多关注，但自欧阳修《集古录》、吕大临《考古录》等引一时风尚后,《宣和博古图》、薛尚功《钟鼎彝器款识》等著作相继出现,激起了学者的尚古热。但当时还是在兴趣层面欣赏这些古文字,在文字研究层面似乎没有留下业绩。及至清朝,考证学风靡一时,对这些古铜器的研究也逐渐成为一门学问。阮元的《积古斋钟鼎彝器款识》、吴荣光的《筠清馆金文》、吴式芬的《捃古录金文》、吴大澂的《愙斋集古录》、邹安的《周金文存》等著述陆续出现,其中公布殷周时期的古器铭,同时汇集此时学者的众识,附加释文,成为文字研究史上划时代的里程碑。这些古器铭的文字也被收录进庄述祖的《说文古籀疏证》、吴大澂的《说文古籀补》之中,而我国说文学者高田忠周氏的《古籀篇》收录最全。

金文大体都是周朝的文字,继之而出的就是秦朝的刻石。所谓秦朝刻石,是指秦始皇统一天下后巡狩郡县,在所至的名山树立颂德碑以传万世。据《史记·秦始皇本纪》记载,这种刻石竖于邹峄山、泰山、琅琊台、芝罘、碣石门、会稽等山,但其中大部分早已失传。目前仅存琅琊台石碑,其拓本存于很多地方。据此碑文字"器械一量、同书文字",可知统一文字被列为始皇帝的功绩之一。许慎的《说文解字》序文中有

分为七国,田畴异亩,车涂异轨,律令异法,衣冠异制,

> 言语异声，文字异形。秦始皇帝初兼天下，丞相李斯乃
> 奏同之，罢其不与秦文合者。

也叙述了秦始皇统一文字的著名事迹，因此这些颂德碑上所刻篆文应该是秦相李斯制定的文字。

那么，通过比较甲骨文、金文和秦石刻文，就能看到自殷商至秦朝文字发展演变的大势。尤其是金文字体多种多样，难以一致。这或许暗示着制作带铭文铜器的时间、地点有很大不同，对照前面所引《说文解字》序文一起思考，便会意识到战国七国文字各异，秦始皇统一文字的事业有其必要性。

那么，秦始皇是怎样推行文字统一的呢？《汉书·艺文志·六艺略》有云：

> 《仓颉》七章者，秦丞相李斯所作也；《爰历》六章者，车府令赵高所作也；《博学》七章者，太史令胡母敬所作也。文字多取《史籀篇》，而篆体复颇异，所谓秦篆者也。

《说文解字》序文中也有与之大同小异的记述。据此可知，秦朝的新定文字即篆文是根据李斯的《仓颉》、赵高的《爰历》和胡母敬的《博学》而成，皆以《史籀篇》为蓝本而作。《史籀篇》和《仓颉》以下三种早已亡佚，今日无法知其原貌，

但根据《说文解字》序文中所引《仓颉》佚文，以及最近西域出土的《仓颉》断简推测，这种书四字连缀，以便背诵并记住文字，与史游《急就篇》、后来的《千字文》等类似。《史籀篇》应是以秦篆之蓝本的大篆书写，而《仓颉》《爰历》《博学》三篇则以对大篆多少加以改造后的小篆书写。据《说文解字》序，许慎的《说文解字》以秦篆为本，折中古文、籀文以说明文字结构，但从《说文》所收九千三百五十二字中仅举籀文二百二十字推测，秦篆大部分是因袭籀文，改动新造的文字相对较少。《史籀篇》十五篇在许慎生活的时代就早已亡佚六篇，则《说文解字》所引籀文的特殊字体应占总数的三分之二，十五篇完备便能举出三百三四十字吧。即便如此，秦篆与籀文不同的字也仅占总数的三十分之一。因此秦篆应是大部分直接照搬籀文。那么，籀文是怎样一种性质的文字呢？根据古代的传说，《史籀篇》是周宣王的太史籀所制定的文字，但《说文解字》所引籀文比金文中的文字更规整，则其年代并不那么久远。它更像是介于石鼓文和秦篆之间的文字，与代表战国时代秦国文字的《秦大良造鞅铜量》《诅楚文》摹本相似。前者是秦孝公十六年（前346）所作，其文字与篆文完全一致，后者也与篆文几乎相同，但其中四个字与籀文完全一致。因此，王国维断定籀文是战国时代秦国的文字。根据这种解释，《说文解字》序文中这句话就意义明确了：

　　秦始皇帝初兼天下，丞相李斯乃奏同之，罢其不与
秦文合者。

　　王国维还认为许慎参照的古文，是西汉时期发现于孔府墙
中的《礼记》《尚书》《春秋》《论语》《孝经》以及北平侯张
仓所献《春秋左氏传》等文献中的文字，这些是战国时代东
方之国在齐鲁之地施行的文字，与雕刻在钟鼎上的成周文字
有别。这与《说文解字》序文中"是时秦烧灭经书，涤除旧
典……而古文由此绝矣"相吻合。可以说，王国维的解读很
好地解决了千古疑问。因此，我们能根据甲骨文思考殷商的
文字，根据周朝的金文来想象周朝八百年间文字形体的变化以
及地方性差异的出现，进而通过对照《说文解字》中所引籀文
和古文，大致看到战国时代西方秦土的文字和东方齐、鲁的文
字差异几何，并察知秦朝统一文字有着怎样的历史意义。

　　据许慎《说文解字》序文所载，秦时有（一）大篆、（二）
小篆、（三）刻符、（四）虫书、（五）摹印、（六）署书、（七）
殳书、（八）隶书等八种字体。其中刻符是刻在符契上的文字，
虫书是写在旗帜上的文字，摹印是印章所使用的文字，署书
是题写在匾额上的文字，殳书是写在兵器上的文字，各依特
殊用途而改变字体，但日常使用的文字就只有大篆、小篆和
隶书三种。其中大篆即是籀文、小篆即是秦文已如前述，对

于隶书，《汉书·艺文志·六艺略》云：

> 是时始造隶书矣，起于官狱多事，苟趋省易，施之
> 于徒隶也。

《说文解字》序文亦有云：

> 是时秦烧灭经书，涤除旧典，大发隶卒，兴役戍，
> 官狱职务日繁，初有隶书，以趣约易……

由此不难想象，隶书是为了应对繁杂的公务而改良的一
种事务用文字。唐代张怀瓘的《书断》认为隶书是秦朝下杜
人程邈因得罪秦始皇，在云阳狱中幽闭时，凝神十年，改造
大小二篆之形而成，许慎的《说文解字》序亦有类似的记述，
但《艺文志》的说法或许更近史实吧。盖隶书是篆文的自然
省略，很难认为是一两人之手创造的。汉承秦制，以隶书为
通用文字，但隶书之下也有多种字体，例如西汉五凤二年（前
56）的《鲁孝王刻石》和东汉的《熹平石经》的字形就有很
大不同。近来西域出土的古代木简中，有西汉武帝太始三年
（前94），宣帝神爵四年（前58）、五凤元年，平帝元始元年
（1），王莽天凤元年（14）、地皇元年（20），东汉光武帝建武

二十二年（44），明帝永平十一年（68），章帝建初二年（77），安帝永初四年（110），顺帝永和二年（137）以及曹魏陈留王景元四年（263）等纪年明确的木简，其中神爵四年简与永和二年简中被认为已存楷书的原型，景元四年木简字体就完全是楷书样貌了。这说明汉代的隶书中已有楷书萌芽，降至魏晋时期的书法家钟繇、王羲之，书写纯粹的楷书，但当时的评论家只称赞他们工于草隶，未提楷体一说。再后的隋唐时代是楷书全盛的时代，但张怀瓘的《书断》仍没有楷书的名目，《唐六典》所列字体也仅有古文、大篆、小篆、八分与隶书五种，不存在所谓的楷书。这说明直到唐代楷书都属于隶书之中，并不被认为是独立的字体。后世讨论书法会详细分为隶书、八分、楷书等，但事实上三者之间并非截然不同。因此，楷体是隶书随着时代的推移自然趋于简约的字体，很长一段时间内出现了很多字形，笔画甚至都未定，处在一种难以判断何为正误的状态。因此比较汉代至初唐的主要碑文，虽能看到从隶书到楷书演变轨迹，但同时也会发现一些已是楷书的碑文中有近于隶书的字形，甚至还有省略甚多、近于略字的字形，同一个字也会有多种写法。这是因为当时的楷书还没有统一，与秦始皇制定秦文以前金文字体不定是同样的道理。

　　楷书的统一始于唐朝初年。唐初学者颜师古深得唐太宗信任，从中书侍郎升任秘书监、弘文馆学士。贞观年间，唐太宗深叹经书随着时代的变迁错误渐增，诏令颜师古校定经书。于是颜师古勘正经籍谬误，撰成所谓颜氏定本献上，当时还将异体字另纸摘录，判定其是非。因此当时的人们都称其为《颜氏字样》并传抄。其后颜师古的四世孙颜元孙出，整理颜师古的字样，著成《干禄字书》一卷。该书按照唐韵次序排列文字，并区分正体、通体和俗体。所谓正体，是指根据确凿，适用于著述、文章、对策、碑碣等的文字。所谓俗体，是指那些不准确的字，用于账簿、文案、券契、药方等也无妨，但不能用于正式文书。而通体是指那些字形不对但久已使用的字形，也可用于表奏、笺启、尺牍、判状等文书。这里列举《干禄字书》中的几个例子：

聪聰聰　上中通，下正，诸从悤者并同，他皆放此

㓛功　上俗，下正

辝辤辭　上中并悆讓，下辭说，今作悆，俗作辞，非也

岳嶽　并正

如果从六朝的碑刻文中找寻这些文字，颜氏所说的通体自然存在，所说的俗字仍然无须解释地随意使用，但中唐以后的碑文俗体字渐渐变少。这可以看作是颜师古的整理奏效了。颜师古的字样由其四世孙颜元孙整理成《干禄字书》，其五世

孙颜真卿在大历九年（774）做湖州刺史时，又将元孙的《干禄字书》誊写并刻石，于是颜真卿的书法和《干禄字书》的内容相得益彰，为世人所重。

在楷体整理方面，与颜氏《干禄字书》具有同样功绩的还有张参的《五经文字》和唐玄度的《九经字样》。

张参的生平不详，但《孟浩然集》卷三中有《送张参明经举兼向泾州觐省》，《钱考功集》卷十有《送张参及第还家》《朗官石柱题名》记张参是司封员外郎，《五经文字》序文其署名为"司业张参"，结合此类信息可知张参在开元、天宝年间通过明经考试，大历年初期任司封员外郎，后为国子司业。大历十年（775）奉诏同两三儒臣分校五经，定断字义，著《五经文字》三卷。此书初成，书于太学孔子庙西论讲堂的庙壁，至太和年间再将之写于木版，挂于堂壁，后又刻石立于太学，可想当时此书如何受重视。此书内容上，先以《说文》为标准分五经正讹，《说文解字》未录之字按《字林》判定，《说文解字》《字林》尽为古体、不合时用的字则改作汉石经残存字，石经亦亡部分按经典的抄本、陆氏《释文》所载的传承省字判断，并将这些字分160部，按部首编排。这样它判断文字正讹的标准就比《干禄字书》更严谨，些颜氏视为通体而认可的文字，张氏也悉作讹字而排除。

《五经文字》问世五十八年后，太和七年（833）唐文宗敕唐玄度校订九经字体。于是唐玄度补充张参《五经文字》之不足，撰《九经字样》一卷，开成二年（837）此书被刻石，附于九经石刻后，置于国子监。其后，《五经文字》《九经字样》并行于世，受到学者的尊崇。

要之，在唐太宗到唐文宗这段时间，在颜师古、颜元孙、张参、唐玄度的努力下，之前各自发展而来的异体文字得以整理，正俗分明。因此初唐之前的碑文自然有颜氏所谓的通体，但俗体字也随意使用，可唐以后碑文中异体文字渐渐消失。后世字典，如《康熙字典》等判定文字正俗也多赖这些学者。因此，楷书的正俗在唐得以确立，之前并无正俗之分。

许慎的《说文解字》序中有"汉兴有草书"这句话，狩谷棭斋认为此句是卫桓《四体书势》误入，非许氏原文。可能如此。但最近西域出土的木简中，明显有草书简，因此汉代已有草书这一点确凿无疑。不过，汉代草书尚存隶书的笔意，与后世草书异趣。降至魏、晋、六朝之世，草书非常兴盛，及历唐、宋而至元、明，大家辈出，千体万状不见端倪。后世收集这些异体草书以供学书者参考的著作不胜枚举，但没有著作论证草体字的正俗。因此草书只要有前例，就无正俗之别。但因其过于不统一，存在诸多不便，当政者和学者决定加以整理。

纵观中国历史，文字整理发生过两次。第一次是秦篆的制定，第二次是唐楷的整理。前者是李斯上奏、秦始皇果断决定。后汉许慎所著《说文解字》就是根据秦篆考究文字构造、说明文字本义。后者则是颜师古、颜元孙、张参、唐玄度等奉皇帝诏书判别正讹，《干禄字书》《五经文字》是当时完成的著作。然而后者判断正讹的标准仍然是根据《说文解字》，则可以说考察中国文字字形的唯一基础就是《说文解字》。

二　文字的构造

研究文字字形的唯一标准既然是许慎所著《说文解字》，在此就先简述《说文解字》是本什么样的书，接着再探讨文字的构造。

许慎，字叔重，汝南召陵人，官至太尉南阁祭酒。他博闻强记，师从贾逵学习古学，参考通人之说编撰《说文解字》十五卷。此书成于汉和帝永元十二年（100），汉安帝建光元年（121）献于朝廷。其内容是以李斯所制秦篆为基础，参照籀文和古文研究文字如何构造，并据此构造来阐明文字本义，所收录义字9352个，按540个基本文字编排，对所有文字做出秩序整然的说明。它现存两个版本，一为宋太宗雍熙三年（986）徐铉校定的《说文解字》十五卷本，一为南唐徐锴校定的《说文解字系传》四十卷本。徐锴是徐铉之弟，故一般称徐铉校订版本为"大徐本"，徐锴校订版本为"小徐本"。两个版本出入很大，但各有长短，皆不能弃。近世校订"大徐本"的著作有钮树玉的《说文解字校录》等，校订"小徐本"的有王筠的《说文系传校录》，比较两版本优劣的则有田吴炤的《说文二徐笺异》。虽非全本，但与二徐校订本版本不同的，还有唐写本木部残本。从字体与缺笔文字推测，此书可能是唐穆宗初年的写本，曾收藏在安徽黟县县令张仁法（字廉臣，陕西山阳人）家中，由莫友芝发现并公诸于世，后屡易其主，现归吾师内藤先生所有。据莫友芝在同治年间影刻的版本，此书包括《木部》的"枏"字到"楬"字共计 186 字，不足《说文解字》的五十分之一，但它早于二徐校订本，故可作为考究二徐长短的尺度而珍重。后世关于《说文解字》的注释可谓汗牛充栋，其中最为充分的当属段玉裁的《说文解字注》。

《说文解字》共计 9352 字，分 540 部编排，以"六书"为依据说明文字构造。所谓"六书"，许慎在《说文解字》序文中做如下说明。

《周礼》八岁入小学，保氏教国子，先以六书。

一曰指事。指事者，视而可识，察而可见，"上""下"是也。

　　二曰象形。象形者，画成其物，随体诘诎，"日""月"是也。

　　三曰形声。形声者，以事为名，取譬相成，"江""河"是也。

　　四曰会意。会意者，比类合谊，以见指挄，"武""信"是也。

　　五曰转注。转注者，建类一首，同意相受，"考""老"是也。

　　六曰假借。假借者，本无其字，依声托事，"令""长"是也。

　　上述六项中，第一项"指事"是为表现抽象概念而创造的文字。例如，在横线上画一点即为"上"，在线下画一点则为"下"。第二项"象形"是为呈现具体概念而画出其物，"日""月"就是如此。第三项"形声"又称"谐声"，是由象形文字加音符来表示其意。譬如"江""河"二字，其部首是水，象征水流，旁边的"工""可"则是表示发音的符号。因此，"江"是以"工"这一读音来表达的水，"河"是以"可"的发音来称呼的水。第四项"会意"是综合两个概念来表达意思的字。如"戈"字加"止"字成"武"字，"人"与"言"成"信"字。所谓"武"，就是整饬兵备、防患于未然之意；"信"表示人与人的约定。上述四种非常简单,学者之间未有异议。但是第五项"转注"和第六项"假借"则众说纷纭,未见定说。

第五项"转注"自古异说最盛,在此无暇一一举例,仅介绍主要的三种说法。

(一)《说文解字系传》作者徐锴之说,得到清朝的江声、许宗彦支持。徐锴认为,据《说文解字》,"老"字别名中有"耆""耊""寿""耄""考"等字。它们皆从"老"字、属"老"部类并含有"老"之意。这就是所谓"建类一首,同意相受"。盖"转注"似水出一源而成江水、汉水,以"水"字为本而成"江""汉"等字。江声进一步解释,认为《说文解字》中"老"字为部首,此即"建类一首","考"字从"老"字省略之形而存"老"字之意,乃是"同意相受"。不单是"考"字,"耆""耊""寿"等字列入"老"部又皆从"老"而具有同义,以一"老"字之意总括"考""耆"等多字就是"同意相受"。《说文解字》序虽仅以"老""考"二字说明,但《说文解字》540 部的各部首字都是"建类一首",部首下说明"凡某之属,皆从某"都是"同意相受"。以上就是江声的主要观点。(《六书说》)此种说法颇为巧妙,但有一疑问,即根据《说文解字》正文,"老"字是"从人毛匕"的会意字,"考"字是"从老省,'丂'音"的形声字,然而序文将"老""考"置于"转注"条目下岂不矛盾?

（二）为解决这一问题，戴震提出《说文解字》正文将"老""考"二字作为形声会意字是出于字的体，即构造；序文将之定为转注是出于字的用，即运用。所谓"转注"，用后世之语来说与"互训"同义。《说文解字》正文注"老，考也"或"考，老也"，就是互训的实例。以互训贯穿全书的是《尔雅》。《尔雅·释诂》中"卬、吾、台、予、朕、身、甫、余、言，我也"即所谓转注之法。《尔雅》以一字说明如此多文字，就是"建类一首，同意相受"。（《戴东原集》卷三《答江慎修先生论小学书》）上述是戴震的主要观点，其弟子段玉裁在《说文解字注》中继承师说。这个说明也相当取巧，但仍有可质疑之处。戴震将"转注"视为"互训"，但是"注"字最早用来表示训释之意是在东汉郑玄之后，取郑玄之后的字义直接用来说明《周官·保氏》的六书，应属时代错位吧。此外，戴氏举《尔雅》之例说明"建类一首"之意，但《尔雅》是将说明诸多异言的词语放在最末（上文的例子中，解释性文字"我也"在"吾""台""予"等的最后），很难称作"建类一首"。从这两点来看，戴震的说明尚有不足之处。

（三）上述两种说法都是尝试从《说文解字》序文"转注者，建类一首，同意相受，'考''老'是也"这句中来说明"转注"，但无论如何解释都有不足，因而出现一派不再拘泥于《说文解字》序文而解释"转注"的学者。他们的观点甚多，最为典型的当属顾炎武和江永。顾炎武在其名著《音论》中有一篇文章题为《六书转注之解》(《音论卷下》),认为转注是转其声而用他字之义也。江永拓展顾炎武之说,以文字的本义扩展延伸成他义为转注,只是这种情况又分为变声和不变声,但不管变声与否,只要转义即可称为转注。(《戴东原集》卷三《答江慎修先生论小学书》)顾、江两家之说颇为明晰,但完全脱离了《说文解字》序文。这也是我们很难赞同顾江二人观点之所在。

狩谷棭斋亦提出一种观点。按照《说文解字》序文,不仅转注的解释不通,而且序文中用以说明转注的"考""老"二字在正文中是形声、会意字,序文"假借"之例的"令""长"二字在正文中属于会意、形声的范围。这表明《说文解字》的序文与正文存在明显的矛盾,序中对"六书"的说明很可能是混入了某位未解许慎之意的人的解释。而《魏书·江式传》所载的《论书表》基本承袭《说文解字》序文,但其中叙述"六书"的部分只提到"《周礼》八岁入小学,保氏教国子,先以六书。一曰指事、二曰象形、三曰形声、四曰会意、五曰转注、六曰假借"而没有对"六书"的说明。《晋书·卫桓传》所载《四体书势》,曰"字有六义焉。一曰指事,上下是也;二曰象形,日月是也;三曰形声,江河是也;四曰会意,武信是也;五曰转注,老考是也;六曰假借,令长是也",最先提及"上下""日

月""考老""令长"等"六书"的例证。因此,《说文解字》
序文中有这些例证可能是混入了《四体书势》之文。另外,《汉
书·艺文志》"六书"记事下,颜师古注曰:"象形者,画成其物,
随体诘屈,日月是也;象事即指事也,谓视而可识,察而见意,
上下是也。"这与现存《说文解字》序文几近相同,但颜氏并
未指出它出自《说文解字》序文或者许慎。这是颜师古所阅《说
文解字》序文中尚未混入这些解释的证据吧。并且,颜师古在
注《汉书》时引用的"六书"说明都是两句押韵,而《说文解
字》序文解释"指事"时是"视而可识,察而可见",没有押韵。
这是颜师古的注释比《说文解字》序文更为准确的证据,《说
文解字》序文中的这些语句是误引、混入了颜师古或颜师古所
参考的材料吧。这样来看,《说文解字》序文中的"六书"说
明全部是后人作品的混入,序与正文矛盾。因此,"六书"的
解释应脱离《说文解字》的序文。盖"六书"的前四项毫无争
议,阐述了文字的构造,因此文字的构造说依据这四项。"转
注""假借"说的是文字构造以外即运用。前者指文字意思变化,
后者指借文字之音用于别的意思。譬如"令"字,其本义是号
令,号令可以差遣人,故转为差遣之意;差遣别人的是领导者,
故转为县令等"令长"之意。这就是"转注"。盖转注即转运
灌注之意,指文字的意思从本义灌注转运为他义。现行本《说
文解字》序文中所举假借之例的"令""长"二字事实上当属

转注之例。以上是狩谷棭斋说的梗概。棭斋说被认可后，江永说才彻底得以证实。江永、棭斋说的确立，使长期混乱的"六书说"分为简明直接的文字构造及运用说。【见节末补注】

至于第六项"假借"，"转注"既已解决，"假借"则迎刃而解。即在前文所述转注的三种解决案中，主张第一种说者认为假借分为意义的假借、读音的假借，前者是托事假借，后者是依声假借。而主张第二说、第三说者则认为托事的假借乃是转注，假借只是借同音或近似音来表达意思。段玉裁说："假借以音为主，同音相代也。转注以义为主，同义互训也。"（《六书音均表》之《古异部假借转注说》）江永说："本义外，展转引申为他义，或变音，或不变音，皆为转注。其无义而但借其音，或相似之音，则为假借。"简单地阐明了假借与转注的界线。

总而言之，"六书"中指事、象形、形声、会意这四项是文字构造的原则，而转注与假借是关于适用的规则。如此看来，《说文解字》是以考究文字构造、阐明其本义为目的的著作。其中予以解释的是指事等四项，并未言及转注与假借。因此，段玉裁在其名著《六书音均表》中指出"《说文解字》者，象形、指事、会意、形声之书也；《尔雅》《广雅》《方言》《释名》者，转注、假借之书也"（《六书说》），可谓是千古知言。因此阐述转注、假借必须脱离《说文解字》，研究《尔雅》《方言》。但我们面前的问题是言明《说文解字》如何解释文字的构造，因此此处丢掉转注、假借的问题，转而研究指事、象形、会意、形声。

指事是表达我们抽象概念的符号，象形是摹写我们亲历实物的画，二者是最原始的文字。过去称之为"文"。为表达用指事、象形无法表达的概念，人们又创造了会意和形声字。其中会意是结合两个或两个以上的"文"而创造的，形声则是在"文"旁附加发音符号创造的。会意、形声文字是以指事、象形的"文"为基础通过增益所形成的，称之为"字"。"字"是"文"的孳生物。《说文解字》就是说明"文"、解释"字"的书籍。因此许慎从9352个文字中选择540个较为基础的文字为部首，在各部首下安排以此为基础派生的文字并解释其构造和本义。所以，各部首下罗列着的派生文字全部是形声、会意字，部首则混杂了指事、象形的"文"和形声、会意中比较基础的"字"。因此要分析象形、指事的"文"首先可以通览部首。

象形的"文"是最原始的文字，且数量颇多，现无余裕一一陈述。主要包括日、月、山、川、水、火、云（雲）、雨、屮（草）、木、鸟、隹、牛、马、鱼、虫等。有关人体的象形文字，也有大（人手张开的形象）、子、人、首、自（鼻）、目、眉、耳、口、手、足等。这些皆为简单绘画发展，或者说是退化而形成的。比较甲骨文到金文、篆文是非常有趣的事情，但那不便录入排版，此处省略。

指事的"文"呈现的是抽象的概念，没有描述的具体对象，所以类似于一种符号。例如：

　　上，高也，此古文上，指事也。

　　丁，底也。

　　示，天垂象，见吉凶，所以示人也。从二、三垂，日月星也。

　　、，有所绝止，而识之也。

　　厶，三合也，从入一，象三合之形，凡厶之属皆从厶，读若集。

这些是借助某些基础性文字而创造的符号，不过也有下面这种不以"日""月"为背景就无法表达的字。

　　旦，明也。从日见一上。一，地也。

　　夕，暮也。从月半见。

这些文字也可以说是指事，但往往混为会意字。这类指事不同于会意之处在于，会意是由两个"文"结合而成，而指事则是一个"文"加符号，不能视为二"文"的合成。例如"旦"字中"日"是"文"，而"一"是表示地平线的符号，而非"字"。

这就是指事与会意的区别。

会意与形声是由两三个"文"组成的文字。区别是前者只取意思来组合，后者取其中一部分的意思，再取另一部分的声音。如今使用的大部分字属于会意或形声，但也有一些表达同样意思的会意文字、形声文字共同存在。如山岳的"岳"也可写作"嶽"字。"岳"是表示山上加上小山（丘）的会意字，但"嶽"是在"山"字下加"獄"这个声符，读作獄声、表示山脉的形声字。还有天灾的"災"也可以写作"灾"或"烖"。"灾"是"宀"下加"火"，是意为自天降火的会意字；"烖"是"火"加"戋"的形声字。不过这类形声、会意同时存在的字很少，大多数字只有一类。《说文解字》的部首以指事、象形为主，其间排列会意、形声的字。例如"口"部后有"吅"部、"哭"部、"品"部、"龠"部、"㗊"部、"舌"部、"言"部等；"木"部后有"東"部、"林"部；"山"部后接的是"屾"部、"屵"部。如此，象形字部首后接与其相关的会意字，偶尔有形声字。但是部首之下的文字大部分是形声字，仅个别时候夹杂会意字。比如"口"部之下列了180个以"口"为部首的字，其中除13个会意字以外，全部是形声字。由此可想形声字有多么多。不过《说文解字》是以形为主整理文字，一直以象形、指事为主，配以会意的字，故形声的字大部分没有纳入部首中。这也许就是许慎的用意所在。读《说文解字》时，首先要通过序文了解"六书"含义，然后通过部首体会全体的组织架构，但最后还必须考查每一个字。

总而言之，要从形的方面研究文字就必须以《说文解字》为基础，但许慎著《说文解字》的材料大部分为秦篆，未看到如今这么多的金文和甲骨文。因此，《说文解字》的研究如要更进一步，需要靠金文、甲骨文来订正错误。试举清朝学者以金文和甲骨文校订许氏的一例。

《说文解字》部首第二十七"止"字，曰"止，下基也。象艸木出有址，故以止为足。凡止之属皆从止"，并列从"止"之字十四项，其后移接"癶"部、"步"部。但金文中"止"画作足迹的形象，右足为"屮"（篆文为屮），左足为"屮"（篆文为屮）。左右足并排向上为屾，即"癶"字。上下重叠变为步，即为"步"。另外，"屮"楷书写作"中"，"屮"楷书为"夂"，两相交叠成为"夆"，加"阝"成为"降"，"步"加"阝"成为"陟"。这些皆是以足迹之形"止"为本所造的字。但《说文解字》并未正确解释"止"字，"夂"字被错误地解释为人的两腿，故而不得"夆"之义。这是通过金文订正《说文解字》的一个例子。

《说文解字》第三十四"彳"，称"彳，象人胫，三属相连也"。第三十七"行"字解释为"人之步趋也。从彳亍"，但不知是何意。甲骨文的“行”字写作“㣔”。这无疑就是道路的形状。《说文解字》中从“行”的字中有很多与道路相关，如“術”为邑中之道,“衢”乃四达之路等,也旁证了“行”是道路。此外,“彳”在甲骨文、金文中写作“ㅓ”,应是“ㅓㅏ”的省略。《说文解字》中从“行”的字如“径”“復”“往”等多与行走有关，也可想象出“彳”的意思。而且《说文解字》“彳”部下“往”的古文为“迬”，“後”的古文为“逡”，“復”的古文为“退”，可知“辵”与“彳”应是同义文字。《说文解字》中对“辵”的说明是“乍行乍止也，从彳从止”，但它是表示道路的“ㅓㅏ”省略为“彳”后,加上表示足迹之象的“止”,表达前进之意。《说文解字》中“征”“徂”等从“辵”的字的其他写法,说明“辵”与“彳”近似。这些是据甲骨文订正《说文解字》错误的例子。

以上两条据吴大澂的《字说》、孙诒让的《名原》、罗振玉的《殷墟书契考释》并稍加私见。吴、孙、罗诸氏的著述中此类收获颇丰，在此不详细介绍。如此逐个订正并累积后，则《说文解字》的部首编排也需大的修正。

节末补注：狩谷棭斋的转注说收录于《百家说林》和《日本古典全集 狩谷棭斋全集第三》。棭斋说的根据在于删除《说文解字》序文中视作后代混入的部分。这一点初看很是武断,但心平气和地通读《说文解字》序文后,发现其中除椷斋所指出的以外,还有后人的增补,则椷斋说可能是对的。现将《说文解字》序文抄录如下,并画出了其视作混入的部分。

古者庖牺氏之王天下也,仰则观象于天,俯则观法于地,视鸟兽之文与地之宜,近取诸身,远取诸物,于是始作《易》八卦,以垂宪象。及神农氏,结绳为治而统其事。庶业其繁,饰伪萌生。黄帝之史官仓颉,见鸟兽蹄迒之迹,知分理之可相别异也,初造书契。百工以乂,万品以察,盖取诸夬。"夬,扬于王庭",言文者宣教明化于王者朝庭,"君子所以施禄及下,居德则忌"也。仓颉之初作书,盖依类象形,故谓之文。其后形声相益,即谓之字。文者,物象之本;字者,言孳乳而浸多也。著于竹帛,谓之书。书者如也。以迄五帝三王之世,改易殊体。封于泰山者七十有二代,靡有同焉。

《周礼》八岁入小学,保氏教国子,先以六书。一曰指事。指事者,视而可识,察而可见,"上""下"是也。二曰象形。象形者,画成其物,随体诘诎,"日""月"是也。三曰形声。形声者,以事为名,取譬相成,"江""河"是也。四曰会意。会意者,比类合谊,以见指㧑,"武""信"是也。五曰转注。转注者,建类一首,同意相受,"考""老"是也。六曰假借。假借者,本无其字,依声托事,"令""长"是也。……

……及亡新居摄,使大司空甄丰等校文书之部,自以为应制作,颇改定古文。时有六书：一曰古文，孔子壁中书也；二曰奇字，即古文而异者也；三曰篆书，即小篆，<u>秦始皇帝使下杜人程邈所作也</u>；四曰佐书，即秦隶书；五曰缪篆，所以摹印也；六曰鸟虫书，所以书幡信也。

上文抄录《说文解字》序文，其中画线部分是怀疑非许慎原文的部分。首先，第一段"见鸟兽蹄迒之迹"等两句与前文"视鸟兽之文"重复，意思不甚明确。其次，"盖取诸夬"以下几句乃是《易》的系辞和夬卦的象传，与下文"仓颉之初作书，盖依类象形，故谓之文"等句矛盾。"文者，物象之本"那两句虽与其他段无碍，但"书者如也"与《说文解字》正文中"书，箸也，从聿者声"不一致，可能也不是许慎的原文，对比起来这两句应是后人言辞窜入。另外，柀斋认为说明"六书"时的句子是篡改了卫桓的《四体书势》等，从"考老"的转注例、"令长"的假借例都与《说文解字》正文相矛盾来思考，也应该是后代混入。最后，"秦始皇帝使下杜人程邈所作也"这一句对其上的篆书即小篆的说明，段玉裁认为上文明确指出小篆是李斯、赵高、胡母敬之作，与此处又说是程邈所作矛盾。或许这十三字应移至下文"秦隶书"一句后，而涉江抽斋认为此句据卫桓的《四体书势》，其前有"或曰"两字，因此不应视作许慎的原稿。或许这十三个字是后人据《四体书势》标注在"四曰佐书，即秦隶书"旁边，结果抄录者错将它放在"三曰篆书，即小篆"之后。若如此，"六书"下的说明以及上述有疑问的句子，都是将旁注错误地收录入正文。试将这些句子删除后重读《说文解字》序文，会发现文顺意明，有拨云见日之感。

第二节　文字的音

一　与音韵相关的文献

文字的字形会随时代而变化，其发音也随着时间的推移、地理以及历史层面的变迁而改变。过去中国没有仅记录发音的音符文字，新的发音出现，旧的发音就会消亡。因此研究音的变迁比起研究汉字形态的变化困难更甚。现在先将可研究音韵变化的文献罗列出来，以此为基础窥其大略：

一、魏，李登，《声类》十卷。见隋唐《志》以及《日本国见在书目录》。封演《闻见记》载此处以五声区别字音，又采用反切，今已失传。

二、晋，吕静，《韵集》六卷。见《隋书·经籍志》。《日本国见在书目录》以及唐《志》记为五卷，《江式传》云："吕静仿李登《声类》之法作《韵集》五卷。"

三、段弘，《韵集》八卷。见《隋书·经籍志》。

四、李概，《音谱》四卷。见《隋书·经籍志》及陆氏《切韵序》。

李概,字季节。又《修续音韵决疑》十四卷。见《隋书·经籍志》及《颜氏家训》。

五、王延,《文字音》七卷。见《隋书·经籍志》。

六、无名氏,《文章音韵》。见《七录》。

七、王该,《五音韵》五卷。见《七录》。

八、释静洪,《韵英》三卷。见《隋书·经籍志》。

九、周研,《声韵》四十一卷。见《隋书·经籍志》,陆法言《切韵序》引周思言《音韵》,或为一书。

十、周彦伦,《四声切韵》。见《南史·周彦伦传》。

十一、沈约,《四声谱》一卷。见《梁书·沈约传》。《隋书·经籍志》作“《四声》一卷”。

十二、王斌,《四声论》。见《南史·陆厥传》。

十三、张谅,《四声韵林》二十八卷。见《隋书·经籍志》。《日本国见在书目录》载“戴规《韵林》二卷”。

十四、刘善经,《四声指归》一卷。见《隋书·经籍志》及《日本国见在书目录》。

十五、夏侯咏,《四声韵略》十三卷。见《隋书·经籍志》。陆法言《切韵序》“夏侯咏”作“夏侯该”。

十八、杨休之,《韵略》一卷。陆法言《切韵序》作“杨休之”。《隋书·经籍志》作“杨林之”。

十七、杜台卿,《韵略》。见陆法言《切韵序》。

十八、陆法言,《切韵》五卷。见《隋书·经籍志》及《日本国见在书目录》,《新唐书·艺文志》作"陆慈",《和名类聚抄》引作"陆词"。其书成于仁寿元年(601)。

十九、长孙氏,《切韵笺注》五卷。见陆法言《切韵序》,成书于唐高宗仪凤二年(677)。

二十、郭知玄,《切韵》五卷。郭知玄对陆法言《切韵》拾遗绪正,更以朱笺三百字,见《广韵》卷首。

二十一、关亮,《切韵》。

二十二、薛峋,《切韵》。

二十三、王仁昫,《切韵》五卷。法国巴黎国家图书馆藏敦煌出土残卷。

二十四、裴务齐,《切韵》五卷。唐代女仙吴彩鸾手写残卷《刊谬补缺切韵》,首题下方有"朝议郎行衢州信安县尉王仁昫撰",次行有"长孙讷言注裴务齐正字"。

二十五、祝尚丘,《切韵》五卷。

二十六、孙愐,《切韵》五卷。又称《广切韵》《广韵》《唐韵》,成于唐玄宗天宝十载(751)。

二十七、严宝文,《切韵》。

二十八、陈道固,《切韵》五卷。郭知玄以下九家,见《广韵》卷首。

二十九、释弘演,《切韵》十卷。

三十、麻杲,《切韵》五卷。

三十一、孙伷，《切韵》五卷。

三十二、王在艺，《切韵》五卷。

三十三、沙门清澈，《切韵》五卷。

三十四、卢自始，《切韵》五卷。

三十五、蒋魴，《切韵》五卷。

三十六、韩知十，《切韵》五卷。

三十七、武玄之，《韵诠》十卷。孙愐以下记卷数者十五家，并见于《日本国见在书目录》。这些《切韵》今已不存。《和名类聚抄》、《弘决外典抄》、《五行大义》背记、释仲算《法华经音义》、释信瑞《净土三部经音义》多引之。

三十八、僧猷智，《辨体补修加字切韵》五卷。见《新唐书·艺文志》。

三十九、李邕，《唐韵要略》一卷。见《通志》。

四十、无名氏，《唐韵正义》五卷。见《日本国见在书目录》。

四十一、义云，《切韵》。见《古文四声韵》。

四十二、李审言，《切韵》。见《佩觿》。

四十三、李舟，《切韵》十卷。见《新唐书·艺文志》。《宋史·艺文志》记载为五卷。

四十四、元庭坚，《韵英》十卷。见《玉海》，或与《旧唐书·经籍志》所载《玄宗韵英》五卷为同一书。元庭坚，《南部新书》作"陈庭坚"。

四十五、张戬，《考声切韵》。

四十六、陈彭年等，《大宋重修广韵》五卷。宋真宗大中祥符元年（1008）。

四十七、丁度等，《集韵》十卷。景祐四年（1037）奉敕编撰，治平四年（1067）成。

四十八、《礼部韵略》五卷。

四十九、《增修互注礼部韵略》五卷。南宋毛晃增注，其子居正校增。

五十、王文郁，《新刊韵略》五卷。

五十一、张天锡，《草书韵会》五卷。

五十二、黄公绍，《古今韵会举要》三十卷。

五十三、《中原音韵》。

五十四、《洪武正韵》十六卷。

二　音韵的变迁

通览以上列举的书目之后，可以了解中国音韵变迁的大概。曹魏李登、晋代吕静之书是第一类的代表作品，为中国音韵学的开端，采用五声或者五音的分类。王该的《五音韵》大概也是继承此形式的作品。接着到了六朝末年，研究四声的书目大量涌现。周颙、沈约的著作为代表，可以归为第二类。

随后在隋、唐之际，以"切韵"为名的书目大量出现。代表性作品是陆法言的《切韵》、孙愐的《唐韵》、李舟的《切韵》，继承这一系统的《大宋重修广韵》今存完本。这属于第三类。唐代著述中值得注意的还有元庭坚的《韵英》、张戬的《考声切韵》，可以归为第四类。此后，划时代的著作是王文郁的《新刊韵略》、黄公绍的《古今韵会举要》，而《集韵》《礼部韵略》开其先河，这些可归为第五类。最后是《中原音韵》《洪武正韵》，据此可知古代韵书在当时如何区分音韵。这可归为第六类。现在根据这些资料划分时代，魏晋以前属于第一期，六朝末至唐初属于第二期，唐中叶属于第三期，宋、元属于第四期，元、明以后属于第五期，由此可窥音韵变迁的概略。

属于第一期的著作今已失传，不知其详，但据封演《见闻记》载"魏时有李登者，撰《声类》十卷，凡一万一千五百廿字。以五声命字，不立诸部"，可知《声类》一书按宫、商、角、徵、羽五音分类编排。晋人吕静的《韵集》，据《魏书·江氏传》"晋世义阳王典词令任城吕忱表上《字林》六卷……忱弟静别仿故左校令李登《声类》之法，作《韵集》五卷，使宫、商、角、徵、羽各为一篇"，可知是与李登《声类》类似的作品。不过《颜氏家训·音辞篇》载"《韵集》以成、仍、宏、登合成两韵，为、奇、益、石分作四章"，则吕静每声分为几韵已清晰明了，这一点与李登"以五声命字，不立诸部"

不同。李登、吕静将字分作五声，与其后的周、沈诸家的四声分类法不同，明确证明魏晋之前有五声之分。这一点后文详述。

第二期在六朝末年的齐、梁之际，音调规整的骈文流行，四声说兴起，但或许也是因为当时的音调与过去不同，过去的五声分类不再适用。《南齐书·陆厥传》中载沈约之语："宫商之声有五，文字之别累万。以累万之繁，配五声之约，高下低昂，非思力所举。……自古辞人岂不知宫羽之殊，商徵之别？虽知五音之异，而其中参差变动，所昧实多。"这说的便是五声区别脱离实际。四声说实际上源于语音变化后，以五声说不能统制。于是在新四声说的影响下，涌现出夏侯咏的《四声韵略》以下诸书，代表性著作是陆法言的《切韵》。陆法言的生平不详。《隋书·陆爽传》载"陆爽，字开明，魏郡临漳人也。……及齐灭周……寻迁太子洗马……开皇十一年，卒官，时年五十三。……子法言，敏学有家风，释褐承奉郎"，开皇二十年（600），陆法言因亡父陆爽触高祖，被革去官职。据《切韵序》，此书完成于仁寿元年（601），则是他被除官之后的事情。他的《切韵》在《新唐书·艺文志》中作"陆慈《切韵》"，在《和名类聚抄》中记作"陆词《切韵》"。大概"词"是其本名，法言是其字，"慈"与"词"同音，当是误写。《切韵》的序章：

昔开皇初，有刘仪同臻、颜外史之推、卢武阳思道、李常伺若、萧国子该、辛咨议德源、薛吏部道衡、魏著作彦渊等八人，同诣法言门宿。夜永酒阑，论及音韵。古今声调既自有别，诸家取舍亦复不同。……吕静《韵集》、夏侯该《韵略》、阳休之《韵略》、周思言《音韵》、李季节《音谱》、杜台卿《韵略》等，各有乖互。江东取韵与河北复殊。因论南北是非，古今通塞，欲更捃选精切，除削疏缓。颜外史、萧国子多所决定。魏著作谓法言曰："向来论难，疑处悉尽，何为不随口记之，我辈数人，定则定矣。"法言即灯下握笔，略记纲纪。博问英辩，殆得精华？（《广韵》卷首所载《切韵序》）

此序结尾明确记载，陆法言年轻时期与刘臻等八人研论音韵，手记萧该、颜之推的议定内容，除官之后私自教育弟子之际，取诸家韵书、古今字典并整理旧记，作《切韵》五卷。陆法言的《切韵》完成于仁寿元年（601），其后的唐仪凤二年（677）长孙讷言增加文字，附加笺注，纠正旧本之谬，即长孙氏笺注本。陆氏的《切韵》和长孙氏的笺注本早已亡佚不传，过去多以《广韵》的部目顺序承袭《切韵》原本，但近来敦煌出土旧抄本中发现了陆氏《切韵》的残卷和长孙氏笺注本的残卷，由此知《广韵》与陆氏《切韵》不同。所谓敦煌本《切韵》，是指现藏于法国巴黎国家图书馆的三种残本，第一种推测为陆氏的原本，存上声"海"韵至"铣"韵十一韵四十五行，第二种存卷首至九"鱼"共九韵，前有陆法言、长孙讷言的序。第三种存平声二卷、上声一卷、入声一卷共四卷，应为长孙讷言笺注本。以这些残本比之《广韵》，则韵目、韵目次序都有出入。

我在欧洲游学时，在德国柏林的普鲁士科学院调查勒柯克文书，见到应是陆法言《切韵》的断片两页，第一页是上声"止尾语姥荠蟹贿"七韵，也见于巴黎的长孙讷言笺注本的删减本中。另外一页是去声"震问焮愿"四韵的断片，为巴黎本三种之内未有。而王静安研究巴黎三本的结论是，陆氏《切韵》与《唐韵》不同的特征是，平声无"移谆桓戈"四韵，上声无"准缓果"三韵，入声无"术曷"二韵，但未明言去声相关的音韵。这大概因为没有确切的资料，但据此处的片段可证去声里也没有与平声"谆"、上声"准"相对应的"稕"韵。据此推论，与平声的"桓"相对的应是去声的"换"，与平生的"戈"相对应的去声的"过"韵也不存在。

在长孙讷言的笺注本之后出现的是王仁昫所著的《刊谬补缺切韵》。此书也是唐朝残卷，现藏于法国巴黎国家图书馆内，我在游学中拍摄带回。此书第一卷、第二卷卷首湮灭，无法知序文题目，但第三、第四、第五三卷卷首完整，题作"刊谬补缺切韵卷第几"，次行署名为"朝议郎行衢州信安县尉王仁昫字德温新撰定"，次为韵目，而后为正文。中国也存在与此同类的版本，称为"吴彩鸾本"。据说吴彩鸾是唐代的女仙，此书是吴彩鸾为文箫所写，最近有石印本流布。这个版本的卷首题名为"刊谬补缺切韵"，题下署名为"朝议郎行衢州信安县尉王仁昫撰"，次行有"前德州司户参军长孙讷言注，承奉郎行夏县主簿裴务齐正字"，后记全书字数，而后是王仁昫、长孙讷言的序，后加一页"字样"述及韵目。此版本多处缺损，但除了第二卷外卷首皆存，可见韵目。试列举两版本的韵目，如下所示：

切韵平声一（吴彩鸾版本）

一东	二冬 无上声，阳与钟、江同、吕、夏侯别，今依吕、夏侯	三钟	四江
五阳	六唐	七支	八脂 吕、夏侯与微韵区别大，阳、李、杜别，今依阳、李
九之	十微	十一鱼	十二虞
十三模	十四齐	十五皆	十六灰
十七台	十八真 吕与文同，夏侯、阳、杜别，今依夏侯、杜	十九臻 无上声，吕、阳、杜与真同韵，夏侯别，今依夏侯	廿文
廿一斤	廿二登	廿三寒	廿四魂
廿五痕			

刊谬补缺切韵卷第二廿八韵（巴黎国家图书馆藏本第二卷末）

一先	二仙	三萧	四霄	五肴
六豪	七歌	八麻	九覃	十谈
十一阳	十二唐	十三庚	十四耕	十五清
十六青	十七尤	十八侯	十九幽	廿侵
廿一盐	廿二添	廿三蒸	廿四登	廿五咸
廿六衔	廿七严	廿八凡		

刊谬补缺切韵卷第三上声五十二韵（巴黎国家图书馆藏本）

一董 吕与肿同，夏侯别，今依夏侯	二肿	三讲	四纸
五旨 夏侯与止为疑，吕、阳、李、杜别，今依吕、阳、李、杜	六止	七尾	八语 吕与麌同，夏侯、阳、李、杜别，今依夏侯、阳、李、杜
九麌	十姥	十一荠	十二蟹 李与骇同，夏侯别，今依夏侯
十三骇	十四贿 李与海同，夏侯为疑，吕别，今依吕	十五海	十六轸
十七吻	十八隐 吕与吻同，夏侯别，今依夏侯	十九阮 夏侯、阳、杜与混、很同，吕别，今依吕	廿混
廿一很	廿二旱	廿三潸 吕与旱同，夏侯别，今依夏侯	廿四产 阳与铣、弥同，夏侯别，今依夏侯
廿五铣 夏侯、阳、杜与弥同，吕别，今依吕	廿六弥	廿七筱 阳、李、夏侯与小同，吕、杜别，今依吕、杜	廿八小
廿九巧 吕与皓同，阳与筱、小同，夏侯并别，今依夏侯	卅皓	卅一晧	
卅二马	卅三感	卅四敢 吕与槛同，夏侯别，今依夏侯	

卅五养
夏侯在平声阳、唐，入声药、
铎并别，上声养、汤为疑，
吕与荡同，今别

卅六荡

卅七梗
夏侯与靖同，吕别，今依
吕

卅八耿
李、杜与梗、迥同，吕与靖、
迥同，与梗别，夏侯与梗、靖、
迥并别，今依夏侯

卅九静

卌迥

卌一有
李与厚同，夏侯与□同，吕
别，今依吕

卌二厚

[卌三黝]

卌四寝

卌五琰
吕与忝、范、豏同，夏侯与
范、豏同，与忝同，今并别

[卌六忝]

[卌七拯]

卌八等

卌九豏

[五十槛]

五十一广
陆无此韵目，失

五十二范
陆无反，取之上声，失

刊谬补缺切韵卷第四去声五十七韵

一送

二宋
阳与用、绛同，夏侯别，今依
夏侯

三用

四绛

五置

六至
夏侯与志同，阳、李、杜别，
今依阳、李、杜

七志

八未

九御

十遇

十一暮

十二泰
无平上声

[十三霁]

十四祭
无平上声

十五卦

十六怪
夏侯与泰同，杜别，今依杜

[十七夬]

十八队
李与代同，夏侯为疑，吕别，
今依吕

十九代

二十废
无平上声，夏侯与队同，吕
别，今依吕

[廿一震]

廿二问

廿三㨂

廿四愿
夏侯与恩同，与恨同，今并
别

[廿五恩]

[廿六恨]

廿七翰

廿八谏
李与裥同，夏侯别，今并别

[廿九裥]

卅霰
阳、李、夏侯与线同，夏侯与□
同，吕、杜并别，今依吕、杜

卅一线

卅二啸 阳、李、夏侯与笑同，夏侯与 效同，吕、杜并别，今依吕、 杜	卅三笑	卅四效 阳与啸、笑同，夏侯、 杜别，今依夏侯、杜	
卅五号	卅六个	卅七祃	卅八勘
卅九阚	卌漾 夏侯在平声阳唐，入声□□□ 并别，去声漾、宕为疑，吕与 宕同，今	卌一宕	
卌二敬 吕与净同，劲、径并同，夏 侯与劲同，与净、径别，今 并别	卌三净	卌四劲	
卌五径	卌六宥 吕、李与候同，夏侯为疑，今 别	卌七候	卌八幼 杜与有、候同，吕、夏侯别， 今依吕、夏侯
卌九沁	五十艳	五十一桥	五十二证
五十三嶝	五十四陷 李与鉴同，夏侯别，今依夏侯	五十五鉴	五十六严
五十七梵			

刊谬补缺切韵卷第五入声三十二韵

［一屋］	二沃 阳与烛同，吕、夏侯别，今 依吕、夏侯	三烛	四觉
五质	六物	七栉 吕、夏侯与质同，今别	八迄
九月 夏侯与没同，吕别，今依吕	十没	十一末	十二黠
十三辖	十四屑	十五薛	
十六锡 李与昔同，夏侯与陌同，吕 与昔同，与麦同，今并别	十七昔	十八麦	十九陌
廿合	廿一盍	廿二洽 李与狎同，夏侯别，今依夏 侯	廿三狎
廿四叶 吕与帖、洽同，今别	［廿五帖］	［廿六缉］	廿七药 吕、杜与铎同，夏侯别，今 依夏侯

廿八铎　　　　　［廿九职］　　　　　［卅德］　　　　　［卅一业］
［卅二乏］
吕与业同，夏侯与合同，今
并别

　　上述韵目第一卷据吴彩鸾本，其他皆据巴黎本。括号内文字是钞本不明，据其他韵书想象而补足。通览以上韵目，批判吕静、李季节、夏侯咏、阳休之、杜台卿的分韵，主张自身观点之处比比皆是。这可以认为是王仁昫的一家言，不过王氏所作序言中有：

　　　　陆法言《切韵》，时俗共重以为典规，然若字少，复阙字义，可为刊谬补缺切韵，削旧滥俗，添新正典。（引自吴彩鸾本）

则王氏的规则或以陆法言为基础，且上文所引陆法言的《切韵序》中称萧该、颜之推参考吕静、李季节、夏侯咏、阳休之、杜台卿诸人之说而判断，那么这些裁断是萧该、颜之推所做，承袭之陆法言《切韵》的记事。不过陆氏此书的全本已经失传，仅存的巴黎残本中，韵目下的注解也被删除，不知其如何取舍，幸而王仁昫的韵目中留有注记，得窥萧该、颜之推二氏的裁量，值得珍重。

　　王仁昫《切韵》之后出现的韵书中，著名的大约是孙愐的《唐韵》了。此书在《新唐书·艺文志》中称作"唐韵"，但《和名类聚钞》中除《唐韵》之外还引用了孙愐的《切韵》，慧琳的《一切经音义》中引用了孙愐的《广切韵》，希麟的《续一切经音义》中引用了孙愐的《广韵》。这些恐怕都是同书异名。盖孙愐的《唐韵》是陆法言《切韵》的补充版本，便被称作"广切韵"，省略之后也便是"切韵"或"广韵"。孙愐的《唐韵》也久已遗失，但罗振玉在北京旧书店发现唐写本《切韵》去声的残篇一卷，入声全卷，令吴县的蒋斧购入，并在光绪三十四年影印刊行。此本据蒋斧的跋文，被定为长孙讷言笺注本，但故王国维氏将之定为孙愐的《唐韵》。

　　据《广韵》卷首的序言，孙愐的《唐韵》成书于玄宗天宝十载（751），二三十年后李舟的《切韵》十卷出。李舟，字公受，虔州刺史，《杜工部集》有诗《送李校书二十六韵》称"李舟名父子，清峻文章伯。……十五富文史，十八足宾客。十九授校书，二十声辉赫"，据此可以想见其人形象。杜甫作此诗在肃宗乾元元年（758），《旧唐书·梁崇义传》记载德宗建中元年（780）李舟出使荆襄，则他大概是肃宗、代宗、德宗时代的人，其《切韵》比孙愐的《唐韵》晚三十年左右成书。李舟的《切韵》如今已失传，但徐铉改定的《说文解字篆韵谱》后序中记"初《韵谱》既成，广求余本，孜孜雠校，颇有刊正。……又得李舟所著《切韵》，殊有补益。……疑者则以李氏《切韵》为正"，《篆韵谱》的目录顺序、反切均依李氏《切韵》而来，则据此可窥知李舟《切韵》的概略。比较《篆韵谱》与陆法言的《切韵》、孙愐的《唐韵》以及《广韵》，则李舟的《切韵》与宋代《广韵》合，与陆法言、孙愐二人的著作异。盖李舟的《切韵》在唐代已不多见，似乎因徐铉而首次被认识，宋代《广韵》的编者陈彭年师从徐铉，应该不采用陆、孙二家的《切韵》，而据李舟的《切韵》吧。试以表格列举陆氏《切韵》和宋代《广韵》的韵次不同的部分如下所示：

平	陆	广	上	陆	广	去	陆	广	入	陆	广
先	一	1	铣	二五	27	霰	三〇	32	屑	一四	16
仙	二	2	狝	二六	28	线	三一	33	薛	一五	17
萧	三	3	筱	二七	29	啸	三二	34			
宵	四	4	小	二八	30	笑	三三	35			
肴	五	5	巧	二九	31	效	三四	36			
豪	六	6	皓	三〇	32	号	三五	37			
歌	七	7	哿	三一	33	个	三六	38			
戈		8	果		34	过		39			
麻	八	9	马	三二	35		三七	40			
阳	一一	10	养	三五	36	漾	四〇	41	药	二七	18
唐	一二	11	荡	三六	37	宕	四一	42	铎	二八	19
庚	一三	12	梗	三七	38	映	四二	43	陌	一九	20
耕	一四	13	耿	三八	39	诤	四三	44	麦	一八	21

续表

平	陆	广	上	陆	广	去	陆	广	入	陆	广
清	一五	14	静	三九	40	劲	四四	45	昔	一七	22
青	一六	15	迥	四〇	41	径	四五	46	锡	一六	23
○蒸	二三	16	拯	四七	42	证	五二	47	职	二九	24
登	二四	17	等	四八	43	嶝	五三	48	德	三〇	25
尤	一七	18	有	四一	44	宥	四六	49			
侯	一八	19	厚	四二	45	候	四七	50			
幽	一九	20	黝	四三	46	幼	四八	51			
侵	二〇	21	寝	四四	47	沁	四九	52	缉	二六	26
○覃	九	22	咸	三三	48	勘	三八	53	合	二〇	27
○谈	一〇	23	敢	三四	49	阚	三九	54	盍	二一	28
盐	二一	24	琰	四五	50	艳	五〇	55	叶	二四	29
添	二二	25	添	四六	51	㮇	五一	56	帖	二五	30
咸	二五	26	豏	四九	52	陷	五四	58	洽	二二	31
衔	二六	27	槛	五〇	54	鉴	五五	59	狎	二三	32
严	二七	28	俨		52	酽		57	业	三一	33
凡	二八	29	范	五一	55	梵	五六	60	乏	三二	34

以上标记出与平韵下平声以下，以及与之对应的上、去、入三声顺序的不同之处，上平《陆韵》有二十六韵，《广韵》有二十八韵，则上表最后一行的汉字数字合计后加上二十六为一百九十三，即陆法言的韵目总数，阿拉伯数字合计后加上28为206，即《广韵》的韵目总数。自顾炎武之后的清朝考证学家断定《广韵》即《陆韵》，但《广韵》和《陆韵》的韵

的分类方法不同，排列顺序也有差异。明确这些不同之处的是故王国维氏，以上论述都来自《观堂集林》中论述韵书的文章。《广韵》沿袭李舟的观点，与陆法言的《切韵》不同已如上述，但这些差异实际上只是局部的改动，总体而论，《切韵》《广韵》显然都未改动陆法言《切韵》之根基。因此，《广韵》也可以看作是第二期音韵变化余波的成果。

第三期音韵的变化起于唐代中叶。如前所述，第二期音韵的余波一直持续到宋代的《广韵》，但那是为创作古典诗歌的韵，实际上的音韵已于唐中叶变化。唐代玄奘认为佛经旧译错误，呼吁新译，也表明音韵变化巨大，古代的音译以唐时的语音阅读已经不似梵语原语。在这样的状况之下，自然要对韵书进行大幅度修订。此类韵书中的代表是元庭坚的《韵英》与张戬的《考声切韵》。

据《唐会要》记载，天宝十四载（755）玄宗皇帝下令编纂《韵英》五卷，命集贤院缮写行世。《集贤注记》称：

> 上以自古用韵不甚区分，陆法言《切韵》又未能厘革，乃改撰《韵英》，依旧为五卷，旧韵四百三十九，新加一百五十一，合五百八十韵，一万几千一百七十七字，分析至细。（《玉海》四十五引唐《韵英》中的《集贤注记》）

《南部新书》载天宝时陈王友、元庭坚撰《韵英》十卷。元庭坚大概奉唐玄宗之命而著《韵英》吧。慧琳的《一切经音义》记：

> 古来音反，多以傍纽，而为双声，始自服虔，元无定旨。吴音与秦音莫辩，清韵与浊韵难明。……近有元庭坚《韵英》及张戬《考声切韵》，今之所音取则于此。

可判定慧琳据《韵英》和《考声切韵》而作《一切经音义》。张戬到底是什么样的人、其《考声切韵》到底是什么样的书，今已无法明晰，但或许是与《韵英》同属一派的韵书吧。而慧琳评价古来音韵时称吴音、秦音莫辩，即认为江左流行的切韵系语音与关中之音不同，则《韵英》《考声切韵》分五百八十韵并分析至极，是以关中音即唐都长安的发音为主而纂成的新韵吧。我觉得《韵英》《考声切韵》以及慧琳的《一切经音义》是第三期音韵中的代表著作。

第四期，唐中叶时音韵革新，但宋代仍未采用唐代的新韵而是重修《广韵》。可是当时的音已经不似《广韵》，距《广韵》成书的大中祥符四年（1011）仅二十六年后，也就是景祐四年（1037）丁度等人便奉命修《集韵》。《集韵》一书特别值得注意的一点是对《广韵》的韵目进行十三处合并。《集韵》之后，皇帝又下令编纂《礼部韵略》，但此书与《集韵》韵目一致。其后金人王文郁出版《平水新刊韵略》，与此同时期撰成的张天锡的《草书韵会》，均将二百零六韵合并为一百零七韵，之后淳祐壬子年（1252），平水人刘渊重版王文郁的《韵略》，而元代黄公绍在《古今韵会举要》一书采用此分类后，一百零七韵成为主流方式。这被称为"平水韵"。以上是第四期韵书的变迁。

第五期，元泰定甲子年间（1324）周德清著《中原音韵》。这是基于俗语的韵书，由此可窥当时实际读音与古典韵书差异几何。其后五十年，明朝《洪武正韵》对古典韵书进行了大的改革，将之定为七十六韵。当时的学者有批评，但它无疑是了解音韵变迁的重要资料。

总而言之，中国韵书的变迁大致可分为：（一）《声类》《韵集》的时代；（二）《切韵》《唐韵》的时代；（三）《韵英》《考声切韵》的时代；（四）《平水新刊韵略》的时代；（五）《洪武正韵》的时代。据山梨稻川的《说文纬总论》，二期以后的音韵虽未完整但全部传至日本。其说称：

彼土之音传至我国大概有五：一曰吴音，二曰汉音，三曰宋音，四曰明音，五曰清音。应神天皇在位时，新罗献上《论语》《孝经》及博士王仁。此时日本当通于三韩、吴……其传东晋宋齐之音，称之为吴音。推古天皇以下，世代遣使至西土，以学士学习经学。其所传隋唐之音，称之为汉音。……迨宋南渡，我国僧人千光胜一之徒学禅于西土，兰溪、明极之流归入我国。其传南宋之音，称之为宋音。黄檗宗僧人隐元、木庵等东渡日本，其传为明音也。今日长崎译官所传清音，合计为五类。其间虽讹谬不少，但五者截然不合，较之古音，吴音最古，汉音次之，宋音稍远，明清之音遂与古音相乖。

对照以上所述的韵书变迁，则吴音是以陆法言、孙愐流派的音，汉音是慧琳所说的秦音，是与《韵英》《考声切韵》属同一系统的音吧。我不能确定宋音、明音目前在我国保存到何种程度，以及这种留存拥有多大的价值，但吴音到明音的各时代读音通过假名保留下来让人十分欣慰，这是中国都没有的珍贵资料。我只想利用汉吴音、汉吴音以前的汉语发音在我国典籍上残存的一些信息，一窥陆法言之前的古代音韵。但必须说，追随历代学者的研究成果，记载所得片羽般的理解已是我的极限，遑论新创观点。

三 古韵的研究

陆法言之后的音韵如何变化，据上文所述的韵书的变迁以及我国现存的各个时代字音的假名等可以深化研究，但对在此之前的古音韵进行研究则极为困难。

陆法言的《切韵》一问世便被学者奉为音韵经典。所以唐儒颜师古注《汉书》、章怀太子李贤注《后汉书》、李善注《文选》时，发现汉人诗赋与陆韵不同之处，解释为"叶韵"。叶韵是指改变原本不同的音以使其叶（协）合。宋代吴棫撰《韵补》，注二百零六韵时主张叶韵，称"冬，古通东""麻，古转声通歌"或者"江，古通阳或转入东"，如大儒朱子注《诗经》时也采用叶韵说。然而明代陈第著《毛诗古音考》《屈宋古音义》，道破所谓叶音是古代的本音，其与韵书不合是因为韵书成书时代之音与古音不同，就此开创了古韵研究的先河。清代大儒顾炎武研究《诗》本音、《易》音以正《广韵》之音，著《唐韵正》，并把二百零六韵分成十部，推开古韵研究之门。顾炎武之后，江永作《古韵标准》《四声切韵表》，将顾氏的十部改为十三部。其后江永的弟子戴震、段玉裁二人出，戴著《声韵考》《声类表》，有诸多新创之处；段作《六书音均表》主张十七部说。段之后，王念孙、江晋三并起，王著《古音韵》二卷，江著《诗经韵读》《群经韵读》《楚辞韵读》《先

秦韵读》《谐声表》《入声表》《等韵丛说》《唐韵四声正》等，
共同主张二十一部说。二者虽有细微分歧，但都是研究古韵
方面的集大成者，因此下文列表展示江晋三的分类，其下注
王念孙的分类以示二人之不同。

古韵二十一部表

江氏部分		平	上	去	入	王氏部分
之	一	之咍灰尤	止海贿有	志代队宥	职德屋	支 十七
幽	二	尤幽萧肴豪	有黝筱巧皓	宥幼啸效号	沃屋觉锡	幽二十
宵	三	宵 萧肴豪	小 筱巧皓	笑啸效号	沃药铎觉锡	宵二十一
侯	四	侯 虞	厚 麌	候 遇	烛屋觉	侯十九
鱼	五	鱼模虞麻	语姥麌马	御暮遇祃	陌药铎麦昔	鱼十八
歌	六	歌戈麻支	哿果马纸	个过祃寘		歌十
支	七	佳 霁支	蟹 荠纸	卦 霁寘	麦昔锡	支十一
脂	八	脂微皆灰 霁 支	纸尾骇贿 荠 纸	至 至 未怪队 霁 暨寘	质栉屑 术物迄没黠	脂十三
祭	九			祭泰夬废	月曷末辖薛黠	祭十四
元	十	元寒桓山删仙 先	阮旱缓潜产狝 铣	愿翰换谏裥线 霰		元九
文	十一	文欣魂痕 真谆	吻隐混很 轸准	问焮慁恨 震稕		谆八
真	十二	真臻先 谆	翰铣 准	震霰 稕		真七

续表

江氏部分		平	上	去	入	王氏部分
耕	十三	耕清青⑭	耿静迥㉕	诤劲径㊗		耕六
阳	十四	阳唐　⑭	养荡㉕	漾宕　㊗		阳五
东	十五	钟江　⑭	董肿讲	用绛㊛		东一
中	十六	冬　　⑭		宋　㊛		
蒸	十七	蒸登	拯等	证嶝		蒸二
侵	十八	侵覃⑯⑲	寝感㉝㉚	沁勘㉞㉛		侵三
谈	十九	谈盐添严衔㉙㉚	敢肮忝俨槛㉝㉚	阚艳桥酽鉴㉞㉛		谈四
叶	二十				叶帖业狎乏㉟㊱	盍十五
揖	二十一				缉合㉟㊱	缉十六

上表调查归纳《诗经》《易》《楚辞》等先秦文献典籍中有韵文章中的押韵，以《广韵》韵部分列，从属诸韵的竖排文字在先秦时代为同部之韵。表中带〇的字表示其韵下的一半属于该部，□中的字表示其三分之一属于该部。《广韵》中属于同一韵部的文字如此分为几个韵部，表明古音与陆法言时代的相去甚远，由此来看也大略知叶韵说不能成立。

上表二十一部古韵的分列是从顾炎武，经江永、段玉裁至王念孙、江晋三而确定的部分，不过也吸收了从段玉裁发展出的新的一派的学说。曲阜的孔广森是后一派的提倡者。孔广森从段玉裁的十七部说出发,分段玉裁的第九部为"东""冬"两部,相应的将段式的第十二部"真"韵和第十三部"谆"韵合并为"辰"部,再从段氏第七、第八两部中取出属于入声的"缉"韵、"合"韵作为"合"部,列为第十八部。孔又将这十八部分为阴阳两大类,主张阴阳各九部两两对转。试将孔广森的十八部目用图表标记如下:

阳声			阴声		
一、原类	元寒桓删山仙	14	十、歌类	歌戈麻	17
二、丁类	耕清青	11	十一、支类	支佳	16
三、辰类	真臻先文殷魂痕	12、13	十二、脂类	脂微齐灰	15
四、阳类	阳唐庚	10	十三、鱼类	鱼模	5
五、东类	东钟江	9	十四、侯类	侯虞	4
六、冬类	冬	9	十五、幽类	幽尤萧	3
七、侵类	侵覃凡	7	十六、宵类	宵肴豪	2
八、蒸类	蒸登	6	十七、之类	之咍	1
九、谈类	谈盐咸衔严	8	十八、合类	缉叶帖合盍狎洽业乏 7、8 的入声	

上表中的 1、2 等阿拉伯数字表示的是与段氏的十七部的关系,孔氏各部的内容未必与段氏的相一致,因此仅注记平声的韵目以想象其内容。此表中首先要理解的地方是阳声和阴声的区别。《广韵》的平声大致分为五十七韵,与入声相对,

"东冬钟江真谆臻文欣元魂痕寒桓删山先仙阳唐庚耕清青蒸登侵覃谈盐添咸衔严凡"此三十五韵有对应的入声，"支脂之微鱼虞模齐佳皆灰咍萧宵肴豪歌戈麻尤侯幽"此二十二韵没有对应的入声。但是这是《广韵》的安排，先秦古韵中前者反而没有入声而后者有入声。而且，先秦古韵，没有入声的"东冬"等三十五韵所属的汉字为阳声字，有入声的二十二韵的汉字是阴声字。将音韵分为阴、阳两类起源于戴震，但他将阳声定义为有响音的音，如敲击金属的声音一样，将阴声定义为敲击石头一样没有响音的音。更具体地说，阳声字的音尾带有 ng、n 或 m，阴声字以母韵结尾（若是入声字则是 k、t、p)，前者因为在音尾有响音所以称作阳声，后者音尾没有响音所以称作阴声。一般来说，十八部类中各部类内部的文字合韵，但往往"原"类的字与"歌"类的字押韵、"丁"类的字与"支"类的字相押韵。另外"辰"与"脂"、"阳"与"鱼"、"东"与"侯"、"冬"与"幽"、"侵"与"宵"、"蒸"与"之"、"谈"与"合"也是如此。这称作阳的九类与阴的九类两两对转。盖相互对转的阴阳两声有相同的韵母，其不同之处在于阳声带有 ng、n、m 等辅音，而阴声没有。例如《小雅·隰桑》云：

隰桑有阿，其叶有难。既见君子，其乐如何！

此句中"阿""难""何"押韵，但"阿""何"是"歌"类的字，"难"是"原"类"寒"韵的字。《小雅·桑扈》有诗云：

之屏之翰，百辟为宪。不戢不难，受福不那。

此句中"翰""宪""难""那"押韵，但前三字属于"原"类、"那"字属于"歌"类。这类例子被称为阳声与阴声的两两对转。盖"原"类字的音尾是 an，"歌"类字的是 a，则 a 有时加缀 n，an 有时脱落。《汉书音义》中如淳说"陈宋之俗言，'桓'声如'和'"，《礼记》郑注称"齐人言，'殷'声如'衣'"，据此可以肯定韵尾的 n 在某些时候或某些地区会略去。那么基于此种状况，也可认可阳声、阴声两两对转的观点。要之，孔广森从戴震那里获得启示，区分阳声与阴声，但基于此而将十八部目分为九类，使其两两相对则是孔广森的创见，而这在中国古音韵研究史上立下不朽的功绩。

孔氏创立阴阳二声极具卓见，但其十八部目还不能说十分精细。在分部上，他比江晋三、王念孙仍略逊一筹。因此，我国的古韵学者大岛正健博士采用王念孙的部类，折中孔广森的阴阳说，确定如下部目，且以其"韵镜学"推定古音。

大岛博士的十部二十一韵表		王念孙	江晋三
一、喉韵类			
第一部	甲、无尾韵 意 $\widehat{o}i$	之十七	之一
	乙、有尾韵 应 $\widehat{o}ng$	蒸二	蒸十七
第二部	甲、无尾韵 奥 $\widehat{ou}$	幽二十、宵廿一	幽二、宵三
	乙、有尾韵 融 $\widehat{ou}ng$	东一的一半（冬）	中十六
第三部	甲、无尾韵 区 o	侯十九	侯四
	乙、有尾韵 翁 ong	东一的一半（东钟江）	东十五
第四部	甲、无尾韵 于 $\hat{o}$	鱼十八	鱼五
	乙、有尾韵 央 $\hat{o}ng$	阳五	阳十四
第五部	甲、无尾韵 娃 a	支十一	支七
	乙、有尾韵 婴 $\underline{a}ng$	耕六	耕十三
二、舌韵类			
第六部	甲、无尾韵 乙 $\widehat{o}i$	至十二	脂八去入的一部
	乙、有尾韵 因 $\widehat{o}in$	真七	真十二
第七部	甲、无尾韵 衣 $\widehat{o}e$	脂十三	脂八
	乙、有尾韵 殷 $\widehat{o}en$	谆八	文十一
第八部	甲、无尾韵（一）阿 a	歌十	歌六
	（二）霭 a	祭十四	祭九
	乙、有尾韵 安 an	元九	元十
三、唇韵类			
第九部	甲、无尾韵 邑 o	缉十六	缉二十一
	乙、有尾韵 音 om	侵三	侵十八
第十部	甲、无尾韵 庵 $\hat{o}$	盍十五	叶二十
	乙、有尾韵 奄 $\hat{o}m$	谈四	谈十九

　　上表中无尾韵、有尾韵对应的便是孔氏的阴声、阳声，各韵下列示的"意""应"等字，选的是各韵所属文字中没有头音的字，即前面没有辅音的字，其下的拉丁文是大岛氏考定的该字读音，遂标识该部音韵。下方二段为供参照之便，我增加了王念孙、江晋三的部目，当然这些部目不能说与大岛博士的各部韵准确对应，请只看作大体一致。

　　大岛氏用了十分复杂的方法来考定各韵目的发音，实际上这些符号到底怎么读我也不清楚。但是日本的古文献中存在比汉音、吴音更古老的发音，这些应是三韩朝贡以前通过某种关系传到我国来的，借这些古音可以定中国的古音。

　　例如，代表第一部无尾韵的"意"字，在吴音、汉音中发音均为イ，在《古事记》《日本书纪》《万叶集》等著作中用来表示オ。现在以"意"作为声谱的億、憶二字，汉音、吴音均读作オク，因此"意"的古音为オ。与"意"字同部的"已""能""富"在《万叶集》中分别读作コ、ノ、ホ，"止"字在法隆寺释迦像铭"止利佛师"中读作卜，"台"字在《魏志·倭人传》的"邪马台"中读作卜，皆是此部古音为オ的证据。因此此部的有尾音"应"读作オン（ong）这一点自然可以想见，特别是含有此韵中的"兴"字的神名"兴台"读作コゴ卜，含有"绫"字的地名"馀绫"读作ヨロギ，均证明此韵为 ong。第二部从此部所属文字的吴音推测，无尾音是 ou 或

au，有尾韵是 oung 或者 aung，第三部用同样的方法推测应是
u 与 ung。

第四部的"于"虽然也用来标记オ，但此部入声韵是アク，
此部所属的"卢"在《魏志·倭人传》的"末卢"中读作マ
ッラ，"奴"字在"卑奴母离"中读作ヒナモリ，据此想象古
音仍是ア吧。另外，从属于此部的有尾韵的"相"字在"相模"
中读作サガ，"宕"字在"爱宕"中读作タギ，"香"字在"香
具"中读作カグ等例子推测，其有尾韵应是 ang，此部便是 a
与 ang。

第五部无尾韵的汉音、吴音是イ韵，有尾韵的汉音是エイ
韵，吴音是イヤウ韵，此部的入声韵是アク或者イヤク，此
部的无尾韵在古时与第八部押韵的例子较多，综合以上，则
此部的音韵应是拗音的ヤア（æ）与ヤアン（æng）。

第六部应该是 i 与 in，第七部也是近于 e 与 en。

第八部自然是 a 与 an，但值得注意的是此部汉字"义、
宜、奇、移、离"等后世多读作イ。它们虽然在后世读作イ
韵，但这是东汉以后的事情，《诗韵》实证其古代皆属ア韵。
日本文献也证明它们古时是ア韵。元兴寺丈光背铭中将"苏我"
写作"巷宜""巷奇"等便是其例。

最后的第九部和第十部或许是 u 与 um、a 与 am。上述字
韵的读法，摘录自大矢透博士的《周代古音考》《假名源流考》

中可供参考的内容，最近大岛氏的弟子饭田利行君基于大岛氏的部分学说，通过我国假名用法对中国古音韵研究做出巨大贡献。当然，我国的假名也历经漫长岁月，肯定有一些错误，但这种读法与古诗押韵，确实留下古老的面容。

那么，我在本节一开始描述清朝的古韵研究起源于顾炎武，江永继承，段玉裁大成，后续王念孙、江晋三继段氏之后成功完成古韵分部，孔广森从段式的十七部说出发，主张阴阳二声的区别与配合，展示卓越见解，可以说王、江、孔三家的功绩都建立在段氏的基础上。实际上段玉裁是清朝的文字学大家，他在古韵研究上除了以上功绩外还有一个值得大书特书的成就，那就是古来的古韵研究者皆只以《广韵》为金科玉律，但段氏的《六书音均表》一方面参照《广韵》确定音韵分部，另一方面提出根据《说文解字》的形声区分古韵，附上《古十七韵谐声表》。

据其所言，许慎的《说文解字》中注某字何声，所谓的"声"就是当时的发音。依照《说文解字》属于同一声的字，按照《广韵》则分散在数个韵中，这反而是《广韵》有误，以形声为从类分韵，可以纠正《广韵》错误的地方。他根据《说文解字》的声分列古韵，确是千古卓识。孔广森的《诗声类》也依《广韵》分韵，同时列举属于该部的形声字的偏旁，提醒"凡此类谐声而《唐韵》误在他部之字，并当改入"；江晋三也作《谐声表》一卷，以补古韵二十一部。段玉裁门下江沅以段氏的《谐声表》为基础，将《说文》中的全部文字散入其下著《说文解字音均表》。之前主要用于阐释字形的《说文解字》一书在此也可以作为音韵书来使用。其后严可均的《说文声类》、苗夔的《说文声读表》等问世，最后至张成孙的《说文谐声谱》，学者才摆脱《广韵》，仅据《说文解字》所记读音阐释音韵。《谐声谱》的跋尾云：

> 诸家皆以《广韵》标目，其不合者割裂分之，是取其虚目也。……今之读二百六部者少矣。求之于古既不合，以示于今则未晓，而徒牵引之，分割之，甚无谓也。今故举而空之，以《诗》求韵，佐以《易》《屈》，以韵别部，以部类声，以声谐《说文》之字而已。韵书音切，概无取焉。

他认为舍弃韵书，仅依据《说文解字》划分声类正确，确实具有一定道理。但是我们从形声类别与音韵部表矛盾之处，反而能发现音韵变迁的踪迹。从这一点考虑的话，仍有必要将形声表和音韵分部表对照研究。

据严可均的《说文声类》，阳声诸部的字十有八九有平声音符。例如"蒸""冬"二部几乎全是以平声字为形声符的字，

"东"部的字十分之九有平声声符。然而阴声诸部的字有上、入、去三声声符的字比有平声声符的字多。在这一点上，阳声字与阴声字特征显著。

其次检索《广韵》，可知阳声诸部的上、去二声字在平声中重现的情况有很多。例如，对应"东""冬""钟""江"四韵的上、去二声字总共有二百五十八，其中一百二十五字即二分之一稍弱的字也出现在平声中。这或许是因为平声的音是六朝以前的本音，变成上、去两声的音是六朝时出现的新音。

再检索群经、《楚辞》的押韵，知阳声诸部的上声及去声的字多与平声字押韵，阴声诸部的字上、去二声与上、去二声的字押韵，平声与平声的字押韵，平声与上、去二声相混的例子不多。

留意以上三项而思考，则阳声本来均是平声，其中出现上、去之字应是较后代的事情。与此相反，阴声诸部中平、上、去、入四声俨然相存，应不相混杂。王国维氏曾注意到这些点，论证古代阳声仅是平声，阴声有平、上、去、入四声，而阳声、阴声两两对转，则阳的一声与阴的四声合计应为五声，这五声配以宫商角徵羽之名，便是李登《声类》中的五声吧。(《观堂集林》八《五声说》)那么折中王氏的五声说、大岛氏的十部说，则古音分十部，每部有阳平、阴平、上、去、入五声，以此做表便成为"十部五声表"。

第三节　文字的义

　　我在上两节说明文字的形、音，因此本节略述文字的义。文字的意义大体可以分为两个部分，一是本义，二是转义。文字的本义是文字构造所显示的意思，《说文解字》中的说明便是如此。转义又可分为转注义与假借义。转注义是一个字的意义发生变化，转向了类似的意义；假借义是指本来没有关系的字因为发音相同，而被借用代替别的字时的意义。中国的汉字借由这种假借、转注，其意义发生变化，总称为转义。最早尝试说明本义的字典是《说文解字》，最先说明转义的字典是《尔雅》，《尔雅》之后有《广雅》《方言》等。我们基于《说文解字》并通过金文、甲骨文订正，得窥文字的本义；基于《尔雅》《广雅》《方言》等而归纳各种各样的用例，得以考究转义。那么这些著作是什么性质的书籍呢？

　　现在《尔雅》由释诂、释言、释训、释亲、释宫、释器、释乐、释天、释地、释丘、释山、释水、释草、释木、释虫、释鱼、释鸟、释兽、释畜等19篇组成，据传是周公所作，孔子及子夏补益，叔孙通、梁文再度增补，但宋代的朱熹表示反对，认为《尔雅》是汉儒取诸经的传注而作，《四库全书总目提要》也说这是汉代小学家缀集而成。诸篇之中与文字训诂有关的是释诂、释言、释训三篇。吾师内藤湖南先生以洞彻纸背的读书眼光分析，考证"释诂"篇是距孔子门人时代不远的战国初期所成，"释言"篇是其后孟子时代所成，"释训"与"释言"始于同一阶段，在汉初有增补。(《研几小录·尔雅的新研究》) 据此，《尔雅》的训诂相当古老，是以后世的雅言即标准话解释古代文字的著作，其将种种词语靠拢雅言，故称《尔雅》。《广雅》是曹魏张揖汇集群书的训释，以作为《尔雅》增补的著作，其题材完全模仿《尔雅》，但对《释诂》《释言》《释训》的部分进行增补。因此将《尔雅》《广雅》与古文献进行对照，可以判断从古代到三国时期汉字的意义是如何脱离本义而转化的。

《方言》是西汉末扬雄的著作，按照地域分列《尔雅》中所载诸种特殊词语并说明。以下两条最能清晰地说明两书的关系：

> 弘、廓、宏、溥、介、纯、夏、幠、庞、坟、嘏、丕、奕、洪、诞、戎、骏、假、京、硕、濯、訏、宇、穹、壬、路、淫、甫、景、废、壮……将、业、席，大也。(《尔雅·释诂一》)

> 敦、丰、庞、夵、幠、般、嘏、奕、戎、京、奘、将，

大也。凡物之大貌，曰丰。……东齐海岱之间曰夽，或曰幠。
宋鲁陈卫之间谓之嘏，或曰戎。秦晋之间，凡物壮大谓
之嘏，或曰夏。秦晋之间，凡人之大谓之奘，或谓之壮。
燕之北鄙、齐楚之郊或曰京，或曰将。皆古今语也。初，
别国不相往来之言也，今或同，而旧书雅记，故俗语不
失其方，而后人不知，故为之作释也。（扬雄《方言》卷一）

　　对照上述两条引文，可以清楚知道《方言》是解释《尔雅》
中异语，特别是上举方言之文结尾处，非常明确地阐明写作
目的，即这些异言都是古今之语，过去各地不相往来，语言
特殊，汉代各地往来频繁，方言混合，但旧书雅记中所存的
古老俗语自有区别，所以他为了明确这些区别而作《方言》。
对比《方言》与《尔雅》，可以发现《尔雅》是用雅言即当时
的标准语对时代、地域相异的语言进行说明。因此，晋朝郭
璞注解《尔雅》《方言》两书时，在《尔雅》的注中常用《方言》
说明，其文字出于古代经典时则努力明确其出处。盖借由经
典的出处可区分该词的时代，借《方言》可判断该词的地域。
　　因此我们在时代、地域层面区分《尔雅》中的语言，并
与《说文解字》对照，便可知道早在先秦时期文字已经甚离
本义而转化了。试点检上文中表示"大"这一含义的两三个
字，如"壮"字在《说文解字》中解释为"大也。从士爿声"，

秦晋之地称人高大为"壮"，尚存其本义，但将此义推而广之，变成单指"大"，便是其转注义。而用"奘""将"代替"壮"字是借其读音，因此是假借义。"京"字在《说文解字》中解释为"京，人所为绝高丘也。从高省，丨象高形"，其本义就是高，但燕北以及齐、楚的乡下称长得高大的人为"京"。这是将"高"转化为"大"的意思，也是转注义。而"景"字用于"京"之义是假借。"廓"字本来是表示城郭的象形文字，转而用来表达"广"的意思，进而引申为"大"的意思。因此《尔雅》中"廓，大也"的说法是转注义。而"假""洪""夏"三字表示大的意思，是因为"假"字古音与"格"字相同，"格"与"郭"又同音，所以被假借。

这样一一考证会发现，实际使用的文字，假借义和转注义要比本义更多。转注义通过常识大体能够准确判断，但是假借义多完全不得头绪，经典的意思被误解大部分都是因为想不到假借字的本字。例如《论语》中有"文莫吾犹人也"一句，朱熹读作"文，莫吾犹人也"并给出复杂的解释，但这里的"文莫"是"黾勉"的假借。《孟子》"君子所过者化，所存者神"这句话，古来的注释家们都不得"神"字之解，故弄曲说，但这里的"神"字是"治"字的假借。《尔雅》中明确解释"神，治也"。

下面举一个误解假借字的有趣事例。《史记·李斯传》中有"狐疑犹豫，后必有悔"一句，古来的注释家解释说狐狸是多疑的动物，所以称疑问作"狐疑"，"犹"是住在山中的胆小动物，一听到人声就先跑到树上，等人走了再下来，因此称无决断为"犹豫"。但是《礼记·曲礼》中有"卜筮者，先圣王之所以……使民决嫌疑，定犹与也"，《楚辞·九章》中也有"然容与而狐疑"，则"狐疑"是"嫌疑"的假借，"犹豫"与"容与"同音，是与《老子》"与兮若冬涉川，犹兮若畏四邻"中"与兮""犹兮"同义，形容犹豫不决的词语。另外比喻缺乏决断也经常使用"首鼠两端"这个词。此词在《康熙字典》中解释为鼠性多疑，出洞时数度探出脑袋观察后方出来，因此用"首鼠两端"形容人没有决断。但实际上"首鼠"是"首施"的假借，"首施"与"首尾"同意。因而"首鼠两端"说的是最初和最终的想法不一。这些解释都是错误领会假借义的结果，这种误解占多大比重我们还不能判断。

王引之的《经义述闻》中有以"经文假借"为题的一节，列举了古书中误解假借字的数百条事例，但误解绝非这些。因此为了读古书，知晓文字的意义，就不能怠于对假借的注意。而为了借假借字正确知晓本字，必须通过《尔雅》《广雅》知其例证。《尔雅》有晋代郭璞的注、宋代邢昺的疏，其后更好的注释是清代郝懿行的《尔雅义疏》、邵晋涵的《尔雅正义》。《广雅》原本只有隋代曹宪的《广雅音》十卷，没有适当的注释书，但清朝王念孙著《广雅疏证》，考证极详，后世几乎没有进步的余地。《方言》原本只有晋代郭璞的注解，但到了清朝有戴震的《方言疏证》、王念孙的《方言疏证补》、钱绎的《方言笺疏》、郭庆藩的校本。精读以上著作，当可通晓文字的转注义和假借义，不过从根本上来说，为知转注义就必须精通《说文解字》，为知假借义就必须对古韵的学问大概掌握。既通《说文解字》又通古韵学，再研究《尔雅》《广雅》，则可以说在文字学研究上没有遗憾了。

第三章

目录学

一　叙说

　　目录学有两种含义，一是研究制作目录的学问，二是根据目录来进行文献的历史批判的学问。前者讲究的是一种分类整理文献、编纂目录的方法，所以现在图书馆等所称的目录学即是此种意思。后者讲究的是根据既成的目录来开展文献批判，中国学中的所谓目录学即是此种意思。最早提出此种意义上的目录学的，是清儒王鸣盛。他在其名著《十七史商榷》卷一中曾如此论道：

　　　　目录之学，学中第一要紧事，必从此问途，方能得其门而入。然此事非苦学精究，质之良师，未易明也。

> 自宋之晁公武，下迄明之焦弱侯一辈人，皆学识未高，
> 未足剖断古书之真伪是非，辨其本之佳恶，校其讹谬也。

他断定目录学是诸多学问中第一要紧之学问，据此能断经典真伪，辨其优劣，正其谬误。换言之，他以目录学为对书籍进行历史批判，且讲究校雠的学问。因此，目录学是古典研究中最为重要的学问，王鸣盛所言"学中第一要紧事"是有其道理的。

中国的目录最早起源于汉朝的刘向父子，距今已有两千年，历史非常悠久。因此其间有各种各样的目录成书，究其类型，大致可分为两种。一种是纯粹的书名目录，另一种是带有提要的目录。前者是将所有文献分类后依次排列，刘歆的《七略》、《汉书》的《艺文志》、《隋书》的《经籍志》、《旧唐书》的《经籍志》、《新唐书》的《艺文志》、《宋史》的《艺文志》等正史的目录都是这种形式。后者在各书名下添加解说，刘向的《别录》、陈振孙的《书目解题》、晁公武的《郡斋读书志》、马端临的《文献通考·经籍考》、《四库全书总目提要》等是其中的典型代表。这样，我们通过前者的分类可知晓其内容，借助后者的解说则可考其历史沿革、文献性质，而且通过篇数、卷数知晓其体量，如果存在佚文则可据以推断全貌。如此获得的知识与现行本出现分歧，则现行版本成为值得怀

疑的对象，可手持解剖刀加以批判。反之，如果读现行版本感到有异样，也应该去检查目录，找出矛盾之处。此即目录学的第一任务。现行诸本有出入时，应该先检索目录，收集各种异本并综合批判，还原正确的版本。此即目录学的第二任务。要而言之，目录学是进行文献批判、校雠的标准和尺度，称其为学中第一要紧事绝非谬赞。

二　正史之目录

一、刘向的《七略》

中国的目录源自刘向的《七略》。关于《七略》的历史沿革，《汉书·艺文志》有如下说明：

　　昔仲尼没而微言绝，七十子丧而大义乖。……战国从衡，真伪分争，诸子之言纷然殽乱。至秦患之，乃燔灭文章，以愚黔首。汉兴，改秦之败，大收篇籍，广开献书之路。迄孝武世，书缺简脱，礼坏乐崩，圣上喟然而称曰："朕甚闵焉！"于是建藏书之策，置写书之官，下及诸子传说，皆充秘府。至成帝时，以书颇散亡，使谒者陈农求遗书于天下。诏光禄大夫刘向校经传诸子诗

赋，步兵校尉任宏校兵书，太史令尹咸校数术，侍医李
柱国校方技。每一书已，向辄条其篇目，撮其指意，录
而奏之。会向卒，哀帝复使向子侍中奉车都尉歆卒父业。
歆于是总群书而奏其《七略》。

据此记载，汉朝吸取秦朝失败的历史教训，计划复兴文学。
汉惠帝时既已解除挟书之禁，武帝元朔元年（前124）下诏收
集天下图书，此时，内有延阁广内秘室，外有太常太史博士
藏书，百年间书堆如山。于是汉成帝河平三年（前26），命陈
农搜集天下遗书，命光禄大夫刘向负责整理工作。刘向自己
负责经传诸子，任宏分担兵书部分，太史令尹咸分担术数部
分，御医李柱国分担医术部分，合力整理。每校定完一本书
后，刘向都会作一篇提要文章附在书后，上奏皇帝。然而至
哀帝之世，整理未半而刘向病逝，皇帝便命其子刘歆继承父业。
刘歆整理群书,向皇帝奏上总目录一份，名曰《七略》。名为《七
略》，是因为该目录由辑略、六艺略、诸子略、诗赋略、兵书
略、方技略、术数略等七部分组成。《七略》实是中国最早的
目录著作，据说其完成于西汉哀帝在位时期，汉哀帝公元前
6年至公元前1年在位，则《七略》成书当在公元前要结束的
时候。从隋唐《志》都有著录来看,可以确信至晚到唐朝《七略》
仍流传于世。唐朝以后它消失在历史记录中，由此推测该书

应是在五代之乱中亡佚。虽然《七略》今已不传，但幸赖《汉书·艺文志》收录《七略》之要，我们据此仍可想见《七略》的概略。

二、《汉书·艺文志》

在中国，每逢朝代更替，新朝都要为旧朝编纂历史。此种史书以司马迁的《史记》为始，从班固的《汉书》、范晔的《后汉书》、陈寿的《三国志》，到最近的《清史稿》凡二十六部，被称作"正史"。这些正史中，《汉书》《隋书》《旧唐书》《新唐书》《宋史》《明史》六部中都有艺文志或者经籍志，记载当时存世书籍的目录，我们姑且将其称为"正史目录"。而《汉书·艺文志》正是最早的正史目录。

根据《汉书·艺文志》序文所载，它虽然取刘歆《七略》之要，但似乎并非原本照搬，而由班固之手加以修改。《七略》的第一部分《辑略》论述了文献分类的要旨，但《艺文志》将其删除仅存六略——一说今《汉书·艺文志》每略各类之下论及分类意义的部分，是分拆《辑略》而置——而且，很多地方都有取舍。例如，《六艺略·礼类》末尾，及《诸子略》《兵书略》末尾有如此记述：

凡礼十三家五百五十五篇　入司马法一家百五十五篇

　　凡诸子百八十九家四千三百二十四篇　　出蹴鞠一家二十五篇

　　凡兵书五十三家七百九十篇、图四十三卷　　省十家二百七十一篇，重入蹴鞠一家二十五篇，出司马法百五十五篇入礼也

　　由此明显可知，班固改动刘歆的《七略》，将原本在兵书类的司马法一百五十五篇移至礼家类，将分属诸子类的蹴鞠二十五篇移至兵家类。但是班固在修改刘歆《七略》时，一定会详细注记缘由，因此那些没有省略、出入注记的地方应该就是《七略》的原貌。由此，我们通过《汉书·艺文志》的注释就能还原刘歆《七略》的大致面貌。在这种意义上，《汉书·艺文志》既是中国最早的目录，也是保存中国目录著作发端的刘歆《七略》的重要资料。古来学者潜心研究此目录，试举一些重要论著如下：

《汉艺文志考证》　宋，王应麟撰

《通志·校雠略》　宋，郑樵撰

《校雠通义》　清，章学诚撰

《汉书艺文志条理》八卷、《汉书艺文志拾补》八卷　清，姚振宗撰

《汉书艺文志举例》一卷　清，孙德谦撰

《刘向校雠学纂微》一卷　清，孙德谦撰

《汉书艺文志讲疏》一卷　民国，顾实撰

《汉书艺文志姚氏学》七卷　民国，姚明辉撰

三、《隋书·经籍志》

继《汉书·艺文志》之后的正史目录是《隋书·经籍志》。但是《汉书》和《隋书》之间相隔差不多有六百年。此六百年间国家未曾编纂过书目。《隋书·经籍志》述此间消息，记录下文中的目录：

《魏中经簿》，魏秘书郎郑默撰。东汉末董卓之乱，经籍亡佚，曹魏的郑默收集宫中所藏书籍，制成此目录。

《晋中经簿》十四卷，晋秘书监荀勖撰。此书以前书为本而改定，最早分为四部。甲部是六艺、小学，乙部是古诸子、近世子家、兵书术数，丙部是史记、旧事、皇览簿、杂事，丁部是诗赋、图赞、汲冢书。

《晋义熙以来新集目录》三卷，邱渊之撰。东晋著作郎李充整理宫中藏书做目录一事，载于《隋书·经籍志》，但不确定该目录是否真实存在。邱渊之的这一目录也被收入唐《志》。

《秘阁四部书目》四十卷。据说是元嘉八年（431）谢灵运所作，《宋书》认为是殷淳的作品。

宋元徽元年《四部书目录》四卷、《七志》七十卷，宋秘书丞王俭撰。刘宋元徽元年王俭作《四部书目录》，又作《七志》。

所谓七志，是指经典志、诸子志、文翰志、军书志、阴阳志、术艺志、图谱志。

齐《四部书目》，齐秘书丞王亮、秘书监谢朏撰。

梁天监六年《四部书目录》四卷，梁任昉、殷钧撰。

《七录》十二卷，梁阮孝绪撰。梁普通年间撰，所谓七录，是指经典录、纪传录、子兵录、文集录、技术录、佛录、道录。今已失传，但其总序载于《广弘明集》，《隋书·经籍志》屡引其目。

陈天嘉中《寿安殿四部目录》四卷、《德教殿四部目录》四卷、《承香殿五经史记目录》两卷。

隋开皇四年《四部目录》，秘书监牛弘撰。开皇年间，秘书监牛弘上表请求广求天下遗书，献书一卷，赏绢一匹，因此隋朝秘府所藏图书甚富，遂制此目录。

唐武德五年见存目录。及至李唐取得天下，命司农少卿宋遵贵将隋朝的图书用船沿黄河运至长安，然而船底触柱颠覆，损失了大量图书，幸而残存者一万四千四百六十六部，计八万九千六百六十六卷。

《隋书·经籍志》是在剔除武德存见书中的通俗书籍的基础上，参考王俭的《七志》、阮孝绪的《七录》加以注记而成，所以肯定不是完整目录。因此就有《隋书·经籍志》中记录残本，但在之后的《旧唐书·经籍志》《新唐书·艺文志》

中成为完本的情况。不过其注记部分对照王、阮的旧录，明确书籍的存佚情况，是一个有益的尝试。《四库全书总目提要》（卷四十五）评此志"惟《经籍志》编次无法……在十《志》中为最下。然后汉以后之艺文，惟藉是以考见源流，辨别真伪，亦不以小疵为病矣"，可谓公正。我们欣慰于此《志》，尤其是它的注记部分留下了考证文献存佚的资料。前辈学者对该书的研究主要有《隋书经籍志考证》（清，章宗源撰）、《隋书经籍志考证》（清，姚振宗撰）。前者仅是对史部的考察，但考证极为精致周到，甚至搜集《隋书·经籍志》中漏载的逸文加以增补。后者近年已有活字版本，我虽只看过经部，但也确实是一部精心之作。

四、《旧唐书·经籍志》和《新唐书·艺文志》

继《隋书·经籍志》之后的正史目录是两唐《志》，即《旧唐书·经籍志》和《新唐书·艺文志》。唐灭隋取得天下，贞观年间，令狐德棻、魏徵等人先后出任秘书监，搜集天下书籍。开元七年（719）朝廷向公卿士庶征借所藏不同版本书籍，将其分为甲乙丙丁四部，每部开库收藏。这四库图书的轴、带、帙、签都以不同颜色加以区别。即经库的图书以钿白牙轴、黄带、红牙签装订，史库的图书以钿青牙轴、缥带、绿牙签装订，子库的图书以雕紫檀轴、紫带、碧牙签装订，集库的图书以绿牙轴、朱带、白牙签装订，据此可以想象其盛况。开元九年（721），殷践猷、王惬、韦述、余钦、毋煛等人整理完成后，撰写《群书四部目录》两百卷，由元行冲献上。后来，毋煛又加以精炼，撰成《古今书录》四十卷。从这些目录的体量来看，或许其中附有作者的小传和提要。但是，学者的传记在《旧唐书》列传部分中已有详述，无须重述，故而修史者将作者小传和提要部分删除，仅留书名，形成了现在的《旧唐书·经籍志》。要之，《旧唐书·经籍志》是以开元年间的《四部目录》为基础，取其精要而成。

不过，《开元四部目录》完成于玄宗开元九年，其后的著述未收录。作为应该完整收录有唐一代文籍的目录，这是很大的缺陷。因此《新唐书》的《艺文志》补此而收罗有唐一代的文献。开元年间是唐代文化的极盛期，此时成书的《开元四部目录》可以说是对该时期的综括。然而安史之乱起，长安、洛阳的文籍化为乌有，因此唐肃宗于广德二年（764）下诏再度收集书籍，德宗贞元年间（785—804）秘书监陈启奉命撰成《贞元御府群书新录》，文宗时期（827—840）郑覃也尽心搜集文献，因此宫中秘库再度堆积如山，据说多达十二库。但其后至僖宗之世又有广明之乱（880），文籍再度散亡，昭宗虽想恢复，但唐朝国运已倾难回昔日之盛。因此，原本应该上承《开元四部目录》的文籍目录最终没有成书。所以《新唐书・艺文志》中在《开元四部目录》之后仅见毋煚的《古今书录》。那么《新唐书・艺文志》根据什么增补开元以后的著作呢？或许是从《唐书》列传中摘录所载的著书。因此可以想象，《旧唐书・经籍志》依据的是以开元盛世时朝廷秘库所藏书籍为本撰成的《开元四部目录》，但《新唐书》所补内容未见实物，而是从列传中摘取，则其中有些仅是书名实际上未传世，可信度就低了。不过从另一个角度考虑，《新唐书》的编者欧阳修也是《崇文总目》（后面即将说到）的编纂者，则他应该能看到一些宋朝初年留存于世的唐代著作，那么他也可能是根据宋初留存的实物增补。这样的话，这些增补的部分可信程度也很高。总之，《旧唐书・经籍志》《新唐书・艺文志》有着特殊的意义，二者缺一不可。考察唐代的艺文，就必须对两唐《志》的目录进行比较研究。那么最后就引用《新唐书・艺文志・经部》标注《旧唐书・经籍志》与新增的关系的部分以示一斑：

> 甲部经录其类十一，凡著录四百四十家五百九十七部，不著录一百十七家。
>
> 易类七十六家八十八部，李鼎祚以下不著录十一家；
>
> 书类二十五家三十三部，王元感以下不著录四家；
>
> 诗类二十五家三十一部，许叔牙以下不著录三家；

礼类六十九家九十六部，元行冲以下不著录十六家；

乐类三十一家三十八部，张文收以下不著录二十家；

春秋类六十六家一百部，王玄度以下不著录二十二家；

孝经类二十七家三十六部，尹知章以下不著录六家；

论语类三十三家三十七部，韩愈以下不著录二家；

谶纬类二家九部；

经解类十九家二十六部，赵英以下不著录十家；

小学类六十九家一百零三部，徐浩以下不著录二十三家。

上述所言"著录四百四十家五百九十七部"是《新唐书·艺文志》中所列举的数字，"不著录一百七十家"应该是新增补的部分吧。每一类之下的数字代表收录于《新唐书·艺文志》中的总数，减去未著录部数的差额应该就是《开元四部目录》之数。不过，其著录部数未必与《旧唐书·经籍志》的数字一致。至于原因为何，我也无法解释清楚。

五、《宋史·艺文志》

宋初经五代之乱，存世的书籍很少，宋太宗在太平兴国三年（978）于乾元殿东建崇文院，开始搜集天下书籍。崇文院内东侧为昭文书库，南侧为集贤书库，西侧为史馆书库。据说其中史馆有四库，其他二馆分别为一库，共计六库，藏书正副八万卷。宋仁宗庆历元年（1041），皇帝命翰林学士王尧臣、史馆检讨王洙、馆阁校勘欧阳修等为此作目录，名为《崇文总目》。关于《崇文总目》的卷数记载不一，李焘的《通鉴长编》为六十卷，《中兴馆阁书目》为六十六卷，江少虞的《皇朝事实类苑》为六十七卷，《文献通考》为六十四卷，但均在六十卷以上，所以它并不是单纯的书名目录，而是附有提要。之后宋神宗改崇文院为秘书省，徽宗时期将《崇文总目》改称《秘书总目》，并且又广向天下士民购书缮写，因此宋室书籍在这一时期最为完备。《宋史·艺文志》序文中，合计宋朝初年至徽钦二宗时期的藏书数目为：

太祖、太宗和真宗三朝之书	3327 部	39142 卷
仁宗、英宗两朝之书	1472 部	8446 卷
神宗、哲宗、徽宗和钦宗四朝之书	1906 部	26289 卷
总计	6705 部	73877 卷

然而，宋室馆阁的藏书在靖康之乱中尽数亡佚，因此宋高宗在迁都临安后再次广集天下图籍，淳熙四年（1177）敕令陈骙等人作《中兴馆阁目录》七十卷，宋宁宗嘉定十三年（1220）又命人编纂续目。《中兴馆阁书目》所录图书达44486卷、《中兴馆阁续书目》所录图书为4943卷，但其后国力衰落，对文化事业逐渐有心无力。《宋史·艺文志》是

对照《崇文总目》《秘书总目》《中兴馆阁书目》《中兴馆阁续书目》，删其重复内容编纂而成，其所载书籍共9819部，合119972卷。但《四库全书总目提要》卷八十五中对其评价很低："纰漏颠倒，瑕隙百出，诸史《志》中最为丛脞。"因此，考察这一时代的艺文，还必须参考当时盛行的民间藏书家的目录提要之类。

六、《明史·艺文志》

宋以后的正史中，除了《明史》之外，其他都没有《艺文志》。明朝万历年间朝内有编纂国史的动议，皇帝命焦竑专领此事，但未能成书，仅成《国史经籍志》六卷。焦竑，字弱侯，上元人，为翰林院修撰，以藏书家而闻名于世。《澹生堂藏书约》中言"焦太史弱侯，藏书两楼，五楹俱满"，可见一斑。但是他所编纂的《国史经籍志》评价很低，《四库全书总目提要》卷八十七称"顾其书，丛钞就目，无所考核。不论存亡，率而滥载，古来目录，惟是书最不足凭"，舍弃不用。之后明亡，清初朝廷着手修撰《明史》时，时任史馆史官倪灿、黄虞稷打算效仿《宋史》先例，网罗前朝文籍撰写《艺文志》，然而《明史》最终却一改旧例，只记载有明一代的典籍，不载前朝文献。《四库全书总目提要》卷四十六对其评价道："盖康熙中户部侍郎王鸿绪撰《明史稿》三百十卷，惟《帝纪》未成……

故因其本而增损成帙也。其间诸《志》，一从旧例，而稍变其例者二：《历志》增以图……《艺文志》惟载明人著述，而前史著录者不载。其例始于宋孝王《关中风俗传》，刘知几《史通》又反覆申明，于义为允。唐以来弗能用，今用之也。"既然《明史》是有明一代的历史，那么艺文部分只收录明代的著述就足够了。但《宋史·艺文志》未收咸淳之后著述，《辽史》《金史》《元史》无《艺文志》，则《明史·艺文志》至少应该将前朝的典籍和图书也收录其中。为补这一缺陷，必须依靠倪灿和黄虞稷的编纂成果了。

倪灿，上元人，其在史馆整理的草稿后来转入卢文弨之手，卢文弨将其中的宋、辽、金、元四朝的图书目录抄出，撰成《宋史艺文志补》一卷、《补辽金元艺文志》一卷，收入《群书补遗》之中。得益于卢文弨的刊刻，我们才能在今天考证宋、辽、金、元四朝的文献，同时也能窥见倪灿遗功之一端。

黄虞稷，祖籍泉州，其父居中曾为南京国子监丞，故生于南京。黄虞稷自幼好学，搜集图书，《静志居诗话》评黄氏父子：

> 监丞锐意藏书，手自抄撮。仲子虞稷继之，岁增月益。太仓之米五升，文馆之烛一把，晓夜孜孜，不废雠勘。

可见他们是非凡的读书人，从父亲黄居中藏书六万卷且虞稷增益,就能想象出他们家藏书的丰富程度。当时南京倾覆,天府宝藏故家的书籍都流入人间,黄虞稷尽力搜购,据说有明一代的典籍大多归其所有。于是他整理家藏书目,撰成《千顷堂书目》三十二卷。此书目主要是对明代典籍图书的分类整理,但在每一类别的最后部分附录宋、金、元时期的著述,据此可考宋明之间的经籍存佚情况。《千顷堂书目》原本以写本形式传布,不太容易看到,幸而最近被收入《适园丛书》中刊刻出版,谁都能得见。

七、正史艺文的补缺

正史之中只有《汉书》《隋书》《旧唐书》《新唐书》《宋史》和《明史》六部史书有艺文志或经籍志,常有研究不便之感。因此清朝的学者为了弥补这一缺陷,就从正史的列传中抄录著述,撰成艺文志补。试举常见的著述:

《补续汉书艺文志》 钱大昭(《广雅丛书》)

《补后汉书艺文志》 侯康(《广雅丛书》)

《补后汉书艺文志》 顾怀三(《金陵丛书》)

《补后汉书艺文志》 曹朴

《后汉艺文志》 姚振宗

《补三国艺文志》 侯康(《广雅丛书》)

《三国志艺文》 姚振宗(《适园丛书》)

《补晋书艺文志》 丁国钧（《广雅丛书》）

《补五代史艺文志》 顾怀三（《金陵丛书》）

《宋史艺文志补》 倪灿、卢文弨（《群书拾补》）

《补辽金元三史艺文志》 倪灿、卢文弨（《群书拾补》）

《元史艺文志》 钱大昕（《八史经籍志》）

《补辽金元艺文志》 金门诏（《八史经籍志》）

三　分类

一、《七略》的分类

举凡目录，最重要的在于分类正确。宋代郑樵的《通志·校雠略》有如下论述：

> 学之不专者，为书之不明也。书之不明者，为类例之不分也。有专门之书则有专门之学，有专门之学则有世守之能。人守其学，学守其书，书守其类，人有存没而学不息，世有变故而书不亡。以今之书校古之书，百无一存，其故何哉？士卒之亡者，由部伍之法不明也。书籍之亡者，由类例之法不分也。类例分则百家九流各有条理，虽亡而不能亡也。

这阐释了分类在目录中的重要性。如果分类正确，就不必特意加以冗长的解说。分入经部的书籍确是经书，纳入史部的书籍也确是史书。因此如果有正确的分类目录，即便书籍亡佚，该书的内容也自明，便是未消亡。因此郑樵主张古代学者要重视目录的分类，这一见解也确实正确。下面我将考究中国目录的分类。

首先必须考察的是《七略》的分类。如前所述，《七略》今已亡佚，但其分类法能通过《汉书·艺文志》进行考证。《七略》的第一部分是辑略，相当于一个分类总论，正文的分类是六略，即六艺略、诸子略、诗赋略、兵书略、术数略、方技略。这些是七略分类法的大纲。

第一部分《六艺略》又细分为易、书、诗、乐、春秋、论语、孝经及小学等九类。其中《易》《书》《诗》《礼》《乐》《春秋》六经作为儒家古来的经典而受到尊崇，而《论语》类和《孝经》类是解释六经精神的书，小学类是语言学解释方面的著作。因此六艺略虽分为九类，但其经典毕竟不出《易》《书》《诗》《礼》《乐》《春秋》。这六经原本为周朝王官所掌，是官府的记录。清儒章学诚在《校雠通义·原道第一》中称，六经之中，《易》由太卜、《书》由外史、《礼》由宗伯、《乐》由司乐、《诗》由太师所存，《春秋》乃鲁国史官的记录。这些王官的记录到了后世，成为诸子、诗赋、兵书、术数和方技之书的渊源。

　　第二部分诸子略是春秋战国时期兴起的思想家的文献。《七略》将这些思想家又分为儒家、道家、阴阳家、法家、名家、墨家、纵横家、杂家、农家和小说家共十家，综括为："诸子十家，其可观者九家而已。皆起于王道既微，诸侯力政，时君世主，好恶殊方，是以九家之术蜂出并作，各引一端，崇其所善，以此驰说，取合诸侯。"至于各家的渊源，《汉书·艺文志》中又有如下说明：

　　　　儒家者流，盖出于司徒之官。

　　　　道家者流，盖出于史官。

　　　　阴阳家者流，盖出于羲和之官。

　　　　法家者流，盖出于理官。

　　　　名家者流，盖出于礼官。

　　　　墨家者流，盖出于清庙之守。

　　　　纵横家者流，盖出于行人之官。

　　　　杂家者流，盖出于议官。

　　　　农家者流，盖出于农稷之官。

　　　　小说家者流，盖出于稗官。

　　要而言之，周朝末年的所有思想都脱胎于西周的王官之学。这种表述当然有异议，例如胡适就主张九流不出于王官

（《胡适文存》卷二）。当然，严格来讲，儒家出自司徒官、道家出自史官等是不足信的，但古代周朝鼎盛的时候，学问为官僚阶层所独享，并未普及至一般庶民阶层。及至周朝末年王政衰微，庶民阶层抬头，自古为王官掌握的学问思想，就被这十家诸子所继承，各成为一家之言。儒家的教育主义与司徒官相近，道家从历史成败中给人垂范像是史官的职责，按照这种思路解读，也可以说诸子十家皆源出周朝的王官之学。

第三部分诗赋略分为屈原赋以下二十家、陆贾赋以下二十一家、孙卿赋以下二十五家、杂赋十二家、歌诗二十八家等五类。前三类的区别并不清晰。所谓赋，是不歌而诵之意，古代诸侯国的卿大夫在与邻国交往时赋诗通心，但这种风俗在春秋以后逐渐消亡，取而代之的是布衣贤士之赋的兴起。诗赋继承了《诗经》三百篇的血脉，所以仍算作六艺之余韵。

第四部分兵书略分为兵权谋、兵形势、兵阴阳、兵技巧四类，但从其最后"兵家者，盖出古司马之职，王官之武备也"可以看出，它也视兵家之学是周朝王官之流裔。

第五部分术数略分为天文、历谱、五行、蓍龟、杂占、形法等六类。从其最后综括部分所言"术数者，皆明堂、羲和、史卜之职也"可以看出，这也被视作王官之学的流裔。盖天文历谱在尧舜时代为羲和司掌，周朝鼎盛的时期由史卜掌握，及至春秋时期，鲁国梓慎、郑国裨灶、晋国卜偃、宋国子韦等出，可知史卜独占的技术流入民间。

第六部分方技略分为医经、经方、房中、神仙等四类。因为大致都是与医术相关的文献，所以《七略》也认为其是"王官之一守"。

通观《七略》之全貌，第一部分的六艺略主要是代表周朝鼎盛期文化的文献，当时的文化统一于王官，但及至周王室衰微，文化流入庶民阶层，思想方面演变为诸子十家之学，文学方面演变为布衣贤士的诗赋，技术方面演变为诸侯的兵将、民间的天文杂卜以及医术、神仙术等，成为诸子略以下五略的内容。因此可以说，《七略》的分类是极为系统地反映当时文化全貌的聪明的目录，班固撰写《汉书·艺文志》时就直接用了《七略》的分类方法。

二、王俭《七志》的分类

刘宋学者王俭对班固的分类稍加取舍，著成《七志》。所谓七志，即：

经典志——六艺、小学、史记、杂传

诸子志——今古诸子

文翰志——诗赋

军书志——兵书

阴阳志——阴阳图纬

术艺志——方技

图谱志——地域及图书

　附——道、佛

其中，第一至第六项虽然名称与班固的六略不同，但内容基本相同。二者不同之处在于，王俭的《七志》为地域图书增设一志，且最后又将道教和佛教的典籍附录其中。之所以将图谱独立出来，是因为图谱与一般书籍在形式上有所不同，分开整理更加便利，无须特别讨论。而最后将佛道书籍附载其中，反映的是当时伴随佛教盛行而进行的经典翻译，以及同时期道教的兴起等社会形势的变化。

三、阮孝绪《七录》的分类

梁阮孝绪在普通年间（520—526）撰写了《七录》十二卷。所谓七录，是指：

经典录——六艺

记传录——史传

子兵录——子书兵书

文集录——诗赋

技术录——数术（以上为内篇）

佛法录

仙道录（以上为外篇）

这是在对照班固《汉书·艺文志》和王俭《七志》的基础上，进一步加以整合。即从经典中分设记传，将诸子和兵书合为子兵录，删除方技略，保留佛教、道教典籍录于外篇。在《汉书·艺文志》和《七志》中，史传之书一般附于六艺之中的《春秋》，但到南朝时期，史传之书增加，附于春秋类显得冗余，所以才特设记传录吧。《汉书·艺文志》中诸子与兵书截然分开，前者属于思想性著作，而后者属于技术性著作，前者之中，理论性的兵学内容被分到道家抑或儒家，而兵书略部分仅限于兵术相关的内容，但《七录》却将理论性的内容和技术性的内容合并。最后，《七录》将方技略删除，想必是将神仙方术之书归入道录即道教相关书籍之中，故而没有必要再特意设立方技一录吧。通过以上考察，《七录》具有脱逸《七略》之外的一种非常特别的分类方法，而这是因为社会文化发展，新类别的书籍不断涌现。

四、《开元四部录》的分类

在《七略》的分类从《七志》向《七录》演变的过程中，又出现了一种四部的分类法。所谓四部，是始于晋朝秘书监荀勖所著《中经新簿》的分类法，具体内容如下：

甲部　六艺及小学等书

乙部　古诸子家、近世子家、兵书、兵家、术数

丙部　史记、旧事、皇览簿、杂事

丁部　诗赋、图赞、汲冢书

宋元嘉八年（431）谢灵运作《四部目录》，齐永明年间王亮、谢朏作《四部书目》，梁任昉、殷钧作《四部书目录》，隋炀帝搜集天下图书，收藏于东都观文殿的东西厢房，东屋藏甲、乙部书籍，西屋藏丁、丙部书籍，这些都是以四部之法进行图书分类的明证。《隋书·经籍志》以四部法分类，但最后还收录了大量道经、佛经，并附记其历史，可以说是对荀勖、阮孝绪的分类法的一个折中。而后，《开元群书四部录》舍弃佛道二教书籍，纯粹按照四部之法分类。抄略《开元群书四部录》的《古今书录》四十卷，也另作《开元内外经录》十卷，收录释氏的经律论疏及道家的经戒符录，则它无疑也是纯粹的四部分类。因此，四部分类法确立于开元时期，之后中国的目录全部采用四部分类。我们借由《旧唐书·经籍志》一述《开元四部录》的分类。

　　甲部　经

　　一、易　记阴阳变化

　　二、书　记帝王遗范

　　三、诗　记兴衰咏叹

　　四、礼　记文物体制

五、乐　记声容律度

六、春秋　记行事褒贬

七、孝经　记天经地义

八、论语　记先圣微言

九、图纬　记六经谶候

十、经解　记六经解释

十一、训诂　记六经训诂

十二、小学　记字体声韵

乙部　史

一、正史　记记传表志

二、古史　记编年系事

三、杂史　记异体杂记

四、霸史　记伪朝国史

五、起居注　记人君言行

六、旧事　记朝廷政令

七、职官　记班序品秩

八、仪注　记吉凶行事

九、刑法　记律令格式

十、杂传　记先圣人物

十一、地理　记山川郡国

十二、谱系　记世族继序

十三、略录　记史策条目

丙部　子

一、儒家　记仁义教化

二、道家　记清静无为

三、法家　记刑法典制

四、名家　记循名责实

五、墨家　记强本节用

六、纵横家　记辩说诡诈

七、杂家　记兼叙众说

八、农家　记播植种艺

九、小说家　记刍辞舆诵

十、兵法　记权谋制度

十一、天文　记星辰象纬

十二、历数　记推步气朔

十三、五行　记卜筮占候

十四、医方　记药饵针灸

丁部　集

一、楚辞　记骚人怨刺

二、别集　记诗赋杂论

三、总集　记文章事类

上述即《开元四部录》的分类，其后虽然多少存在差异，但大致分类不变。

五、分类的变迁

通观上述分类，知《七略》《汉书·艺文志》的分类极为合理，据此可以了解周朝末年中国文化如何发展。其后王俭的《七志》、阮孝绪的《七录》与之相比并没有发生很大变化，只是对这期间佛教传入、道教兴起有所呈现。而后四部分类的出现开创了分类的新纪元，通过它我们会发现中国中世以后的文化大部分集中于史部、集部，作为思想、科学层面的子部著述一向不振。我们能够通过分类的变化看出学术发展的趋势，正是得益于这些分类目录著作。

通过分类，我们也可以知晓古人是如何对待典籍的。例如，《汉书·艺文志·六艺略》中，班固先是罗列六经及其注书，后又附加《论语》《孝经》和小学三类，是以这三类作为对六经的全面解释。具体而言，《汉书·艺文志》认为《论语》《孝经》是对六经的精神诠释，《孝经》每章之下援引《诗》《书》作结论，《论语》随处引《诗》《书》论证，说明这两部书的主张是从六经演绎而来。与之相对，小学类的诸书是解释六经文字的书籍，可以看作六经的语言学注解书。所谓《尔雅》"六艺之钤键也"（《尔雅》序）和"古文（《尚书》）读应尔雅"（《汉书·艺文志·六艺略》）即是其证据。现行本《汉书·艺文志》中《尔雅》虽编入《孝经》类，但这或许是作为小学类的初篇而被编入上一类，"凡孝经十一家"的计数即是明证。因此，我们知道小学被视作六经的语言学注解书，《论语》《孝经》被视作六经的精神诠释书。

通过正确的分类，我们也可以推断出佚书的内容。例如公元前四世纪时，齐国的稷下（今山东临淄）有田骈、慎到两位学者，他们的学说在《庄子·天下》中被概括为"舍弃智慧，齐万物以为首"，但其著作俱已失传。然而《汉书·艺文志》中把田骈分类至道家，而将慎到归于法家。我们通过这种分类，就能知道田骈是基于道家哲学而主张万物齐等的理论性学者，而慎到则是将这一理论运用到政治领域，主张施政应该只尊法而非尚贤赖能。《荀子·解蔽》谓"慎子蔽于法而不知贤"，其下杨倞注曰"慎子本黄老，归刑名，多明不尚贤不使能之道"，证明了这一推测准确。以上就是《汉书·艺文志》的分类帮助推测田骈、慎到学说的事例。这样的例子还有很多，这里仅举上文一例。

《汉书·艺文志》中将《莞子》八十六篇列在道家类，但《隋

书·经籍志》中的《管子》十九篇《旧唐书·经籍志》中的《管子》
十八卷却都在法家类。现行本《管子》虽有二十四卷八十六
篇的目录,但其中十篇已经亡佚,剩余七十六篇中也有诸如《幼
官》《幼官图》这样完全相同的文章,严重失去其原本的样子。
《管子》从《汉书·艺文志》到《隋书·经籍志》《旧唐书·经
籍志》,分类从道家变成法家,或许正是上面提到的内容纷失
错乱所导致。当然,这也仅是我的一家之言,这里只是想表
达分类的异同在一定程度上能暗示内容变化。

要而言之,我们通过目录分类法的变迁既能看到学术演
变,也能从每本书的分类推测其内容。这对目录学,即以目
录为基准对书籍的真伪进行文献批判很有帮助,务必要铭记
于心。

四　解题

一、刘向《别录》

我们在前面的内容里提到了根据目录的分类来推断书籍
内容,但那是一种极其宽泛的推测,要想详细了解,就必须
依靠提要书籍了。历史上最早的提要书是刘向的《别录》。根
据《汉书·艺文志》的记载,刘向奉汉成帝之诏点校汉宫秘

府所藏典籍，每校订完一本就录其条目、论其要旨，制成叙录，附在校订完的书籍之后上呈皇帝。这些叙录后来被编辑成书，也就是刘向的《七略别录》，是历史上最早的提要著作。从《隋书·经籍志》和两唐《志》对《七略别录》二十卷都有明确记载，但《宋史·艺文志》以后再无记录来看，这部书应该是在唐末五代之乱中失传。

刘向《别录》虽已失传，但《晏子春秋》《孙卿新书》《管子》《列子》《战国策》在正文开篇或者末尾保留叙录文章，唐宋以前的古书中也有引用的佚文，马国翰、严可均、姚振宗等人将这些佚文辑录成本，其中姚氏辑本年代最后，最为详备。

根据姚氏辑本，刘向的叙录最完整的形态从《晏子春秋》《孙卿新书》《列子》三书可窥得一斑。根据这三书，刘向校订完的书会称其为某某新书，开篇会列其篇目，然后是叙录之文。叙录首先阐述如何搜集中外异本校订书籍，然后略述作者传记，并对书籍内容予以评判。此即刘向叙录的格式。他搜集中外异本中的中书是指秘中之书，即藏在朝廷文库中的书籍，而外书是指私人藏本，此外在校勘时似乎也常使用太常博士藏本、太史的官本。刘向所搜集的异本也不是我们今天说的异本，似乎是指不同的书籍。取《晏子春秋》作为事例，则刘向校订时选用的有中书《晏子》十一篇、太史的官书五篇、长社校尉参的藏本十三篇、刘向家藏本一篇，这些都是分别编纂的异本，而他将这些异本综合比对，删去重复的部分，编成《晏子春秋新书》八篇。再看一下《列子》的事例，则刘向校雠所用《列子》诸本中，有中书五篇、太常之书三篇、太史之书四篇、长社校尉参的藏书两篇、刘向家藏本六篇，这些也是内容、形式各异的不同书籍，而刘向校勘比对，删去重复内容，定《列子新书》八篇。这样，此种新书就有了《新编晏子》和《新编列子》的性质，更像是与旧有诸本完全区别的编纂。现在我们都把贾谊的书称为《贾谊新书》，但《汉书·艺文志》中仅标出"贾谊"二字。孙诒让认为，或许贾谊的书原本就以其名字相称，刘向校订之后称之为《贾谊新书》，后世就以此作为其书名。(《札迻》卷十）从《崇文总目》所引《别录》佚文所言"贾子传本七十二篇，臣向删定为五十八篇"来看，孙诒让的分析应是正确的。那么这也证实了刘向校书是改编旧本以成新书吧。现存《仪礼·士冠礼》疏文中列举了刘向《别录》中的《仪礼》篇目，《礼记·乐记》篇的正义中有言"刘向校书得《乐记》二十三篇，著于《别录》"，并列其篇目，则这些应该都是刘向新书的《礼记》目录和《乐记》篇目。此外，《论语集解》序开篇所引刘向之言，应该也与叙录所述《论语》的篇目有关。

刘向不仅综合整理旧本篇目，编成新书，还比较诸本的文字论定正误。《列子》叙录中称"诸篇中，或字误，以'尽'为'进'，以'贤'为'形'，如此者众"，《晏子春秋》叙录中亦称"中书以'夭'为'芳'、'又'为'备'、'先'为'牛'、'章'为'长'，如此类者多"。《汉书·艺文志·六艺略》中说：

> 刘向以中古文《易经》校施、孟、梁丘经，或脱去
> "无咎""悔亡"，唯费氏经与古文同。刘向以中古文校欧
> 阳、大小夏侯三家经文，《酒诰》脱简一，《召诰》脱简二。
> 率简二十五字者，脱亦二十五字；简二十二字者，脱亦
> 二十二字。文字异者七百有余，脱字数十。

综合以上可知刘向校订图书的忠实态度。如果刘向的《别录》能够完整保存至今，那中国古典的研究将会非常方便，它的散佚真是非常遗憾。但是我们通过对仅存资料的研究能了解刘向怎样进行校雠，在古典研究中也得以思考刘向校书以前的文献形态，则其仍有重大意义。

这里再列举几本与《别录》有关的参考书：

《刘向别录辑本》 马国翰辑（《玉函山房辑佚书》）

《刘向别录辑本》 严可均辑（《全上古三代秦汉三国六朝文》）

《七略别录佚文》 姚振宗辑

《刘向校雠学纂微》一卷 孙德谦撰

二、《开元群书四部录》

据《唐会要》载，武德五年（622），皇帝根据秘书监令狐德棻的上奏开始着手搜集书籍，接着在贞观二年（628）命魏徵奏引学者，校订群书。乾丰元年（666）唐高宗又诏命赵仁本等集儒学之士从事刊正缮写工作。玄宗开元六年（718），朝廷在西都长安的大明宫光顺门外、东都洛阳的明福门外设集贤书院，诏集学者搜辑整理书籍，分作甲乙丙丁四部，并建经史子集四库予以收录，以轴、带、帙、签的颜色加以区分。据《新唐书·儒学传》记载，搜书整理最初由马怀素、褚无量奉诏负责，后由元行冲负责，毋煚、韦述、余钦总辑，殷践猷、王惬担纲经部，韦述、余钦负责史部，毋煚、刘彦直承担子部，王湾、刘仲丘分担集部，开元八年（720）完成《群书四录》二百卷奏上。该书达二百卷，所以并非简单的书目，必定附有提要内容，但现在无法看到该书片鳞。我们只能通过《旧唐书·经籍志》知晓其书目而已。

据《旧唐书·经籍志》载，后来毋煚略抄《群书四录》作《古今书录》四十卷，著录了四部四十五家三千零六十部五万一千八百五十二卷。此外他又对佛教的经律论疏和道家的经戒符箓约两千五百余部九十五白卷，记述其译者姓名和内容主旨，撰成《开元内外经录》十卷。从"煚等四部目及释道目，并有小序及注撰人姓氏，卷轴繁多，今并略之"来看，这部《古今书录》四十卷应该也有提要，但现今连只言片语都不存于世。因此从刘向《别录》至后唐，提要类著作一部都没有留存。

三、《崇文总目》

如前所述，宋朝经五代之乱，书籍留存很少，太宗太平兴国三年（978）于宫城内乾元殿东修建崇文院，以搜集书籍，仁宗庆历元年（1041），皇帝命翰林学士王尧臣、史馆检讨王洙、馆阁校勘欧阳修等作《崇文总目》。《崇文总目》有六十卷或六十六卷，自然不是单纯的目录，而是附有详细的提要。郑樵《通志·校雠略》称：

> 古之编书，但标类而已。未尝注释，其著注者，人之姓名耳。盖经入经书，何必更言经？史入史类，何必更言史？但随其凡目，则其书自显。惟隋《志》于疑晦者则释之，无疑晦者，则以类举。今《崇文总目》出新意，每书之下必著说焉。据标类自见，何用更为之说？

由此可知，当时的《崇文总目》中有详细的解题，但郑樵认为这种提要无必要。而晁公武的《郡斋读书志》、陈振孙的《直斋书录解题》中记录《崇文总目》仅有一卷，可知他们与南宋郑樵的论说共鸣，删去《崇文总目》的解题仅留书目，这实在可惜。因此清初学者朱彝尊收集了欧阳修《六一居士集》中所载总目每类的序文和《文献通考》中所引《崇文总目》解题，以恢复其旧貌，然而此时他业已七十二岁高龄，没有足够的精神和耐力完成这项事业。乾隆时期的《四库全书》从明代《永乐大典》中辑出《崇文总目》的叙录，连缀在书目之下，成《崇文总目》十二卷。但《永乐大典》中残存的解题并非从《崇文总目》原书中引用，而是转引自晁公武、陈振孙二人的书中，因此仅仅复原了《崇文总目》十分之三四而无法再现其全貌。后来《粤雅堂丛书》中收录《崇文总目辑释》五卷、《崇文总目补遗》一卷，但这也并非完本，而是钱东垣搜集的部分内容。我们据此仅能了解《崇文总目》的解题是何种程度的文献。因此，能列举出的宋代解题书，仅有晁公武的《郡斋读书志》、陈振孙的《直斋书录解题》以及马端临的《文献通考经籍考》。

四、《文献通考》的《经籍考》

《崇文总目》之后的解题书是晁公武的《郡斋读书志》。晁公武，字子止，钜鹿人。最初，南阳有位叫井宪孟的人做了四川转运使，藏书众多，后将其赠予晁公武。晁公武得井氏藏书而阅览，为其作解题，撰成《读书志》四卷。后来他又为自己购买的图书作解题两卷，是为《后志》。《后志》后来散佚，仅存《读书志》四卷。淳祐九年（1249）鄱阳黎安潮为袁州太守，命赵希弁将家藏图书中晁公武没有作解题的部分挑选出来，作《附志》一卷，与《读书志》一同出版，即袁州本《读书志》。同时期南充游均任衢州太守，又把晁公武的门人姚应绩编写的蜀本《读书志》刊行出版，被称作衢州本《读书志》。这样，晁公武的《读书志》就有了袁州本和衢州本两种版本，衢州本共分为二十卷，且相当一部分是袁州本中没有的解题。于是，赵希弁就从衢州本中辑出袁州本没有的部分，将其作为晁公武《读书志》的后志，又校勘两种版本的异同，作《考异》一卷。这样袁州本就变成了四部分，即原志四卷、后志二卷、考异一卷、附志一卷。之后海宁陈氏重刊袁州本，晚近汪士钟再刊衢州本，近来王先谦又将此二者合二为一复刻出版。

陈振孙的《直斋书录解题》凡二十二卷。陈振孙，字伯玉，号直斋，《宋史》中虽然没有为他立传，但他端平三年（1236）任台州知府，淳祐四年（1244）成国子司业，也是有相当地位的人物。他曾购得郑樵的旧藏书，后又买入方氏、林氏、吴氏等藏书家的书籍，据说家藏图书达五万一千一百八十余卷，毫无疑问是当时屈指可数的藏书家。他模仿晁公武之例，撰写解题二十二卷。此书在宋代已备受推崇，但到清朝初年就已经散佚失传，乾隆《四库全书》从《永乐大典》中将其复原。现存武英殿聚珍版丛书本及其复刻本。

继晁公武和陈振孙之后，解题的集大成者是马端临。马端临，字贵与，江西乐平人，宋朝宰相马廷鸾之子，咸淳年间以漕试第一中举，但是正好遇上父亲马廷鸾退隐，于是就侍养父亲不怠。元朝初年执掌柯山书院，后又做台州儒学教授终老。马端临著有《文献通考》三百四十八卷，其中《经籍考》七十六卷实为宋代解题之大成，晁、陈二氏之书也几乎都被收录其中。他在自序中说：

> 汉、隋、唐、宋之史，俱有《艺文志》……宋皇祐时，命名儒王尧臣等作《崇文总目》，记馆阁所储之书而论列于其下方……近世昭德晁氏公武有《读书记》，直斋陈氏振孙有《书录解题》，皆聚其家藏之书而评之。今所录先以四代史志列其目，其存于近世而可考者，则采诸家书目所评，并旁搜史传、文集、杂说、诗话。凡议论所及，可以纪其著作之本末，考其流传之真伪，订其文理之纯驳者，则具载焉……稍加研穷即可以洞究旨趣；虽无其书者，味兹题品，亦可粗窥端倪，盖殚见洽闻之一也。

解释了这部著作的用意，我们据此也能知道这部书的梗概。可以说，凡唐宋之际的解题基本都被集成于《文献通考》之中。及至清朝，学者又撰成《续文献通考》《皇朝通考》，以续马端临，但都难以超越，若说继承马氏而超越《文献通考》的，就不得不提《四库全书总目提要》。

五、《四库全书总目提要》

乾隆三十七年（1772），皇帝向内阁下达上谕，命其搜辑书籍，翌年开四库馆，招致天下学者着手整理。于是各省督抚纷纷在省内搜集文籍，进献给四库馆，地方上的藏书家也争将所藏珍本献上。其中浙江的鲍士恭、范懋柱、汪启淑，两淮的马裕等人因为都献上典籍数百册而被乾隆皇帝称赞"皆其累世彝藏，子孙克守其业，甚可嘉尚"，并赏赐他们内府所编《古今图书集成》一部。江苏的周厚堉、蒋曾莹，浙江的吴玉墀、孙仰曾、汪汝瑮等献一百多种图书而被赏赐内府初印的《佩文韵府》。（《弁理四库全书历次圣谕》）这样，馆内书籍很快就堆积如山。于是他们就先将这些书分成存书和存目两大类。存书是具有很高学问价值的书籍，在校订、整理后按照统一的格式誊写，然后附上解题上奏，编入《四库全书》中。存目书学术价值稍低，虽然也为其写解题，但并不编入《四库全书》，仅保留其目录。之后，这些存书、存目书籍的解题被编成一部书，即《四库全书总目提要》二百卷。这些解题都是由各方面的专家学者起草撰写，然后由总编纂官纪昀统一修改而成，其考据精审、文章典雅、繁简得要，可称为古今第一等名解题。提要凡例中有一条说明了撰写提要的用意，其言：

> 刘向校理秘文，每书具奏，曾巩刊定官本，亦各制序文。然巩好借题抒议，往往冗长，而本书之始末源流转从疏略。王尧臣《崇文总目》、晁公武《郡斋读书志》、陈振孙《书录解题》，稍具崖略，亦未详明。马端临《经籍考》荟萃群言，较为赅博，而兼收并列，未能贯串折衷。今于所列诸书，各撰为提要，分之则散弁诸编，合之则共为总目，每书先列作者之爵里，以论世知人。次考本书之得失，权众说之异同，以及文字增删，篇帙分合，皆详为订辨，巨细不遗。而人品学术之醇疵，国纪朝章之法戒，亦未尝不各昭彰瘅用，着劝惩其体例，悉承圣断，亦古来之所未有也。

我们从这一条的记述能够看出马氏的《经籍考》和《四库全书总目提要》的不同之处。前者是集晁、陈诸家解题的大成之作，而后者则淘汰百家之言成一家之说。前者中能看到很多不同的观点，但没有统一的学说。所以如果想得到学问研究的指针，一定要从《四库全书总目提要》开始入手。

要而言之，中国解题书的代表性著作有三部，即刘向《别录》、马端临《文献通考·经籍考》和《四库全书总目提要》。马氏之书是材料的堆积，我们从中可以看到各种学说，但却没有贯穿全文的主旨思想。《四库全书总目提要》则与之相反，批判各家学说而成一家之言，而且批判公正，所以处理中国文献时首先借此问津是一般性常识。但是，《四库全书总目提要》的文献批判以现存的文籍为根基，若要考证汉代以前的旧本，则必须以刘向《别录》为依据。不过刘氏之书现在已经失传，仅能从现存几篇叙录中看到其校定图书的态度。但真要进行经典批判，我认为仍必须从这些叙录中充分理解和领会刘向的学问态度。

最后，《四库全书总目提要》是非常贵重的一部书，但无论如何也是体量达两百卷的巨著，用起来多少有些不便。于是在乾隆三十九年（1774），学者奉上谕编纂了《四库全书简明目录》二十卷。这部书是《四库全书总目提要》中所载存书解题的简约版，使用起来非常便利。道光、咸丰年间，学者邵懿辰在该书栏外列出各种版本，论其优劣，撰成了《四库全书简明目录标注》二十卷。其后莫友芝著《邵亭知见传本书目》十六卷，根据卷首其子莫绳孙所言，这是他整理其亡父的手稿而成，但其内容与邵懿宸的著述大同小异，或许是莫友芝抄写

邵氏之书并加上自己的见解。如果从《四库全书简明目录》知
应该读何书，从《四库全书简明目录标注》和《邵亭知见传本
目录》知挑选何版本，那么就可以说推开了中国学的第一扇门。

　　四库全书馆在乾隆四十八年（1783）闭馆后，在此之前
没有完备的古典，以及其后撰述的近人名著都没有收入《四
库全书总目提要》及《四库全书简明目录》中。于是后世学
者阮元每得一本四库未收录的古典，就效仿《四库全书总目
提要》的格式作解题，并进献皇帝，其子阮福将这些解题文
章收集，编成《四库未收书目提要》五卷，作为其父遗稿《揅
经室集》的外集刊行。其后据说胡玉缙、周云青曾撰写《四
库未收目录提要》的续辑，但却未曾得见。光绪年间王懿荣
上奏皇帝，请求重开四库馆，以补入后来的著作，但很快遇
庚子之变，最终不了了之。前些年我国的对华文化事业中也
曾计划这件事，但最终未能实现。因此，乾隆年之后的著述
还没有适当的解题，学者就必须亲自研究诸本。

五　从鉴藏家的目录到校勘学

　　中国人自古重文，有将经典旧版视为古董珍藏的爱好。
而且这一派的人往往乐于为其家藏图书撰写目录，向人炫耀

藏书丰富。这里姑且把这种目录称为鉴藏家目录。不过，这些被鉴藏家收集的经典旧版不断积累后促进了校勘学的兴起。这里先叙述藏书家的历史沿革，然后再探讨校勘学。

一、明末清初的藏书家

明末清初的藏书家巨擘当属钱谦益。钱谦益，字受之，号牧斋，虞山人，交游满天下，得刘子威、钱功父、杨五川、赵汝师四家藏书，又不惜重金购买书籍，成为藏书最多的人。中年他建造了拂水山房作为藏书室，晚年他住在红豆山庄，将书藏在绛云楼。然而，一日其幼女和乳母在楼中嬉戏，不慎将蜡烛掉入故纸堆引起火灾，藏书顷刻间都化为灰烬。时为顺治七年庚寅（1650）十月二日。"甲申之乱，古今书史图籍一大劫也。吾家庚寅之火，江左书史图籍一小劫也"（《天禄琳琅书目》卷二《汉书》）之悲言，正指此事。后来他又买下了赵元度的脉望馆藏书，之后转让给了钱曾。钱曾字遵王，是钱谦益族孙钱裔肃的儿子，好学问和搜集书籍，得到钱谦益的书后收藏丰富，其藏书室称"也是园""述古堂"，其藏书目录有《也是园藏书目》《述古堂藏书目》两部，并有《读书敏求记》一部提要。

钱谦益有门人毛晋。毛晋，字子晋，号潜在、子九，虞山人。此人生来就喜爱卷轴，在绛云楼失火之前就继承了其中大部分宋元版书籍，藏书之富号称八万四千卷。他建了汲古阁和目耕楼用来藏书，又选其中珍品重刻出版。世称"汲古阁本"既是此类。毛晋的汲古阁藏书与钱曾的述古堂藏书后来大部分都归徐乾学所有，剩下的一部分则落入季沧苇之手。

徐乾学，字原一，号健庵，康熙庚戌科进士，官至刑部尚书。他最初在浙江的天一阁抄书，后又得到钱曾和毛晋之藏，其藏书的地方称作"传是楼"，藏书目录则称为《传是楼宋元本书目》。徐乾学还从藏书中挑选出一些珍本，刊行出版了《传是楼经解》，后来纳兰性德继承他的事业，撰成《通志堂经解》。

季振宜，字诜兮，号沧苇，扬州人，顺治丁亥科进士。他曾购买述古堂多出的宋元本书籍，后又得到毛晋的部分藏书，收藏繁富，其藏书目录称《季沧苇书目》。

传是楼藏书和季沧苇的藏书后来经何焯的介绍，大部分归于怡亲王府，其中一部分流入皇宫秘府。怡亲王是康熙帝之子，积学好古，据说凡经史传记和诸子百家之书，皆探其深赜，得其高朗，其藏书亦十分丰富。及乾隆年间开四库馆，藏书家争相进献藏书，怡亲王府没有进献，据说其藏书中有很多四库未收的珍本。我们无法判断流入怡亲王府的书籍的性质。但是流入秘府的图书后来收入《天禄琳琅书目》，大致可窥得一斑。

二、《天禄琳琅书目》

《天禄琳琅书目》十卷和《天禄琳琅书目续录》二十卷是乾隆四十年（1775）所作的内府图书目录。乾隆九年，皇帝命令内直诸臣将内府所藏旧本陈列于昭仁殿，称其为"天禄琳琅"。其后经三十年，藏书逐渐增加，于是皇帝就令儒臣编纂目录。凡目录中收录的图书，上面都盖有"乾隆御览之宝"和"天禄琳琅"两方印。宋金版本和影宋钞本都收入锦制的书套中，据说元版是蓝色书套，明版是褐色书套。《天禄琳琅书目》与其他目录不同的地方主要有三点：第一是其将版本按照宋、金、元、明的时代划分，每个时代之下再以四部的顺序排列。第二是版式和印刷精美的书，不论重复都收录其中。第三是每书的解题详细记述其出版年月、藏家的题识和藏书印记，并考证其年代和爵里，明确其流传过程。其中，第一点说明该目录是以版式为主线而不是以内容为主线。第二点说明该目录沿袭了宋代藏书家尤袤《遂初堂书目》的先例，仅炫耀藏书之丰富。第三点说明该目录把书籍当作字画一样来处理，即如张彦远在《历代名画记》中所列十六论的第十一鉴识收藏阅玩、第十二跋尾押署、第十三公私印记。这类藏书目录模仿古董目录的体裁，把图书视为古董珍品把玩，而《天禄琳琅书目》正是这一倾向的代表性目录。但是图书不应该是古董，而应是研究的资料，无论何时都不能仅仅将其视为把玩的对象。于是后世学者黄丕烈出而一改此风尚，促进了校勘学的发展。下面一节我将单独就黄丕烈和校勘学的关系予以阐释。

三、黄丕烈

黄丕烈，字绍武，号荛圃、复翁。江苏长洲人，喜好读书而收藏旧本。初喜于获得汲古阁的北宋本《陶诗》和南宋本《陶诗注》而将其藏书室命名为"陶陶室"。后来搜访多年，又得到宋椠本超过百种而改称"百宋一廛"。他将藏书整理后作《百宋一廛书录》，并嘱托好友顾千里为该书作赋，因此顾千里写了《百宋一廛赋》，而荛圃为其作注，说明藏本的由来和特征。我们从《百宋一廛赋注》中摘录其中的书名，可窥得其收藏之一斑：

一、严州本《仪礼郑氏注》十七卷

二、景德官本《仪礼疏》五十卷

三、残大字本《周礼郑氏注秋官》二卷

四、残大字本《礼记郑氏注》　存凡九卷

五、残相台岳氏本《春秋经传杜氏集解》　存十六卷

六、残小字本《春秋经传杜氏集解》　存凡二十三卷

七、残中字本《春秋经传杜氏集解》　存凡十八卷

八、监本《附音春秋穀梁传注疏》二十卷

九、官本《尔雅疏》十卷

十、小字本《说文解字》十五卷

十一、残本《说文系传》 存凡十一卷

十二、蜀大字本《史记集解》一百三十卷

十三、景祐二年本《汉书》一百卷

十四、残本《后汉书》 存《纪》八卷、《志》三卷、《传》
十五卷

十五、残本《后汉书》 嘉定戊辰蔡琪纯父刻

十六、残本《后汉书》 建安刘元起刊

十七、单行本《吴志》二十卷

十八、残本刘昫等《唐书》 存凡六十七卷

十九、莆田陈均《皇朝编年备要》三十卷

二十、残本《皇朝编年纲目备要》 存凡二十卷

二十一、史炤《通鉴释文》三十卷

二十二、陈骙《中兴馆阁录》十卷、《中兴馆阁续录》
十卷

二十三、《孔传东家杂记》二卷

二十四、建安余氏勤有堂本《古列女传》七卷、续
一卷

二十五、残本晁公迈《历代纪年》十卷 缺第一卷

二十六、绍兴甲寅本朱长文《吴郡图经续记》三卷

二十七、绍定本范成大《吴郡志》五十卷　　述古堂旧物

二十八、残本潜说友咸淳《临安志》　　原百卷，今存凡八十三卷

二十九、钱可则《新定续志》十卷

三十、剡川姚氏本《战国策》三十三卷

三十一、熙宁本《荀子》二十卷

三十二、《新序》十卷

三十三、建安虞氏本《道德经》二卷

三十四、南宋本《南华真经》十卷

三十五、《冲虚至德真经列子》张湛处度注八卷

三十六、小字本《淮南鸿烈解》二十一卷

三十七、淳熙台州公库本《颜氏家训》七卷

三十八、小字重雕足本《何光远鉴戒录》十卷

三十九、岳珂《愧郯录》十五卷　　其中八至十一凡四卷补钞

四十、释文莹重雕《改正湘山野录》三卷，续录一卷

四十一、残本《挥麈后录》　　存一、二两卷及三录全卷

四十二、陈道人书籍铺刊行本《郭若虚图画见闻志》六卷

四十三、黄休复《茅亭客话》十卷

四十四、李柽《伤寒要旨》二卷

四十五、朱瑞章《卫生家宝产科备要》八卷

四十六、残本《重校正活人书》 存三卷

四十七、残本张从正《儒门事亲》 存二十一叶

四十八、残本《十便良方》 存凡十卷

四十九、残本《新雕孙真人千金方》 存凡二十卷

五十、残本《外台秘要方》 存目录及第二十二卷

五十一、《陶渊明集》十卷 汲古阁旧物

五十二、元丰三年临川晏氏本《李太白文集》三十
卷 传是楼旧物

五十三、残本新刊《校定集注杜诗》 存凡五十五叶

五十四、《王右丞文集》十卷 传是楼旧物

五十五、《孟浩然诗集》三卷

五十六、残大字本《昌黎先生文集》 存凡五卷,传是
楼旧物

残小字本《昌黎先生文集》 存一至十凡十卷

残小字本《昌黎先生文集》 存第三十九、四十
两卷,与前本同版

残本朱文公校《昌黎先生集》 存十一至末卷

（以上四种钱氏想效仿百衲本《史记》将其合为一部）

五十七、残本《白氏文集》 存凡十七卷,宋景濂旧藏小
字宋本

五十八、残本《刘梦得文集》 存凡四卷

五十九、残本《刘文房文集》　存凡六卷

六十、小字本《孟东野诗集》十卷　传是楼、季沧苇旧藏

六十一、残小字本《陆宣公奏草》　存二卷，汲古阁旧物

　　　　又《中书奏议》　存二卷，汲古阁旧物

六十二、残本《会昌一品制集》　存十卷

六十三、《注胡曾咏史诗》三卷　季沧苇旧藏

六十四《唐山人诗》一卷、《女郎鱼元机诗》一卷、《甲乙集》十卷、《许丁卯集》二卷、《朱庆余集》一卷　临安书棚本

六十五、《温国文正司马公文集》八十卷

六十六、《叶梦得石林奏议》十五卷

六十七、《渭南文集》五十卷　绛云楼旧物

六十八、残本《新刊剑南诗稿》　存凡十卷

六十九、《史弥宁友林乙稿》一卷

七十、残本《梁溪文集》三十八卷

七十一、残本《伊川击壤集》　存凡四卷，季沧苇旧藏

七十二、残本《乖崖先生文集》　存凡六卷

七十三《西山先生真文忠公文集》五十五卷　钱牧斋、季沧苇旧藏

七十四、《鹤山先生大全集》一百一十卷

七十五、残本《豫章黄先生文集》存凡十七卷

又《豫章黄先生外集》 存凡六卷

七十六、残本《任渊山谷黄先生大全诗注》 存凡十八卷

七十七、残本《王阮义丰文集》 存凡五十八叶

七十八、残本《侍郎葛公归愚集》 存凡九卷

七十九、残本《栾城集》 存前集凡八卷，后集凡十三卷

八十、残本《周益公集》 存凡六十九卷，相当于全书的
三分之一

八十一、《参寥子诗集》十二卷 徐乾学、季沧苇钤印

八十二、《北山小集》四十卷

八十三、《唐庚集三谢诗》一卷

八十四、《窦氏联珠集》

八十五、《才调集》十卷 季沧苇旧藏

八十六、残本《唐僧宏秀集》 缺后两卷

八十七、残本《唐百家诗选》 存凡十一卷

八十八、残本《万首唐人绝句》 存凡三十六卷

八十九、《文粹》一百卷 徐乾学、季沧苇钤印

九十、小字本《圣宋文选》三十二卷 徐乾学钤印

九十一、《朱子易学启蒙》上下卷

九十二、《张先生校正杨宾学易传》二十卷

九十三、《文中子》十卷 徐乾学、季沧苇钤印，红豆跋

九十四、《龙龛手鉴》四卷 上声一册汲古阁精钞补足

九十五、《云庄四六余话》不分卷

九十六、《汉丞相诸葛忠武侯传》一卷　文三桥旧物

九十七、《钱杲之离骚集传》一卷　汲古阁旧物

九十八、《袁氏通鉴纪事本末撮要》八卷

九十九、《诗苑众芳》大字本《王十朋会稽三赋注》不分卷

一百、《李学士新著孙尚书内简尺牍》十六卷

一百零一、残本《迂斋先生标注崇古文诀》　存一至八，又十五至末，凡十四卷

一百零二、《三历撮要》一卷

一百零三、米芾《砚史》一卷

一百零四、《陈思书小史》十卷

一百零五、《忘忧清乐集》不分卷

一百零六、宋伯仁《梅花喜神谱》不分卷

一百零七、残本《夷坚支甲、壬、癸》　凡二十一卷

一百零八、残本《类说》　汲古阁旧物

以上一百零八部是顾千里《百宋一廛赋》注中所列宋本，但后来尧圃又得到了绍兴本《管子》、《洪氏集验方》、《秦隐君诗》……《挥麈录前录》、残小字本《三苏文粹》、残本王逸注《楚辞》、卫湜《礼记集说》、钱佃本《荀子注》、残本《资

治通鉴》、李善注《文选》等数十种书籍，最终不是百宋一廛，而是皕宋，据说那时他又请顾千里为他写皕宋之颂。

如果仅是上面的藏书目录，则黄丕烈或许只是一介古董收藏家。但是他用如此收集而来的宋本校勘今本，强调宋版书价值所在，又从中选取珍本编印成《士礼居丛书》。这是荛圃之所以为荛圃的原因，他从鉴藏家的领域进入校勘家之列，从而为学界做出贡献。他在乾隆五十八年（1793）得到了《礼记》的单疏本，喜其为奇中之奇、宝中之宝，不久就生得陇望蜀之愿，想得到《礼记》的经注本以组成双璧。于是他在多方搜索之下，终于打听到嘉定的王敬铭有北宋小字本《仪礼注》，并将其买下。这本书虽没有写明出版时代、地方的刊记，但顾千里根据宋代张淳的《仪礼识误》发现这本书是严州本。《仪礼识误》三卷是乾道八年（1172）两浙转运使判官曾逮刊行《礼记》郑注，张淳担任校正时所撰写的校订理由，其中引了后周广顺三年（953）和显德六年（959）刊行的监本、汴京的巾箱本、杭州的细字本、严州的重刊巾箱本等，荛圃入手的《仪礼注》因与严州本尽数一致，所以确定其为严州本。——顺便说，张淳的《礼仪识误》在清朝初年既已失传，因此朱竹垞的《经义考》断定其已散佚，但后来据《永乐大典》的引文而由四库馆复原的本子收入《武英殿聚珍版丛书》中——于是，荛圃在嘉庆二十年（1815）重版此书，并附札记一卷、

续校一卷，还添加了详细的缘起内容。他将出版的书命名为
《士礼居丛书》，想必也是因为这部《仪礼》的缘故吧。《士礼》
即为《仪礼》的别称。

　　他又在嘉庆二十三年刊行《周礼》郑注十二卷。他得到
的宋本《周礼》只有《秋官》二册，但朋友顾抱冲那里藏有
宋小字本《周礼》，且恰好缺少《秋官》二册。于是，他就以
明嘉靖版为底本，以这两部宋本来校订，并写有详细的札记，
作为《士礼居丛书》之一种。

　　他又在嘉庆四、五年之交和嘉庆八年将天圣明道本《国语》
十二卷和剡川姚氏本《战国策》三十三卷影刻，并分别加以
札记。这两部书因为是《国语》和《战国策》最好的版本而
为学界所重。

　　他还根据曝书亭的宋本重刻《舆地广记》三十八卷、据
汲古阁的影抄本重版《博物志》十卷，两书皆因其无与伦比
的校勘和精妙绝伦的刊刻技术而受到赞誉。黄丕烈去世后，
潘祖荫将他留下来的题跋整理成《士礼居藏书题跋记》六卷，
缪荃孙续辑黄跋，编纂成《续编》。这些题跋以手本的形式阐
释校勘的精要之处，显露出校勘学的指南。要而言之，黄丕
烈是位宋本喜好者，甚至自称"佞宋主人"。他的身边有顾千
里这样的参谋助其事业，使他得以超越古董趣味，进入校勘
学的领域。

四、校勘学

顾千里，名广圻，字千里，江苏元和人。他自幼多病却好学问，师从江艮庭而精通惠氏之学。他的从兄顾之逵（抱冲）有很多宋元版书籍，所以他也学到了这方面的鉴定知识，为黄丕烈所信赖。他的文集有《思适斋集》十八卷，其中有这样一段：

> 顾子贫，斋非所能辟也，即身之所寓而思寓焉，而"思适"之名亦寓焉也。当其坐斋中，陈书积几，居停氏之所藏，同志之所借，以及敝箧之所有，参互钩稽以致其思，思其孰为不校之误，孰为误于校也。思而不得，困于心，衡于虑，皇皇焉如索其所失而杳乎无睹。人恒笑其不自适，而非不适也。乃求其所以适也，思而得之，心为之加开，目为之加朗，豁然如启幽室而日月之。举世之适，诚莫有适于此也。（卷五《思寓斋图自记》）

在这里他谈到了校勘不同版本而定内文得失之乐，而他作为校勘学者的面目也跃然而出。想必对他来说，为黄丕烈校勘异本撰写札记是无上的快乐吧。不止黄氏，当时的孙星衍、胡克家、秦恩复、吴骞、张敦仁等诸家都对出版事业有兴趣，总是邀请他校订书籍。于是他为孙氏校刻了宋本《说文解字》《古文苑》《唐律疏议》，为胡氏校刻了《文选》和元本《资治通鉴》，为秦氏校刻了《扬子法言》，为吴氏校刻了《晏子》和《韩非子》，为张敦仁校刻了抚州本《礼记》和严州本《礼记注疏》。这些书皆附有考异或校勘记，是广受学界欢迎的精品。实际上，当时是校勘学最为繁荣的时代，而顾千里是其中最闪耀的学者。

校勘学的鼎盛期后，取得业绩最多的人应该是阮元。阮元，字伯元，号云台，江苏仪征人。阮元从乾隆五十四年（1789）进士及第后，至道光二十九年（1849）以八十六岁高龄去世，历任山东、浙江督学，浙江、江西、河南巡抚，两浙和两广总督。所到之处他都尽心兴办学校、刊行书籍、奖励学问。在此值得关注的是他在江西巡抚任上主持校印的宋本《十三经注疏》。不知是在什么时候，阮元得到了宋十行本注疏十一经，于是，就以此为基础对校诸本，写成《十三经注疏并释文校勘记》二百四十五卷。嘉庆十九年（1814），阮元到南昌就任江西巡抚，胡稷因读了以前的校勘记而深有感触，向阮元请求一览十行本注疏。看过之后，胡稷就想将十行本注疏重新刻印出版，于是和阮元的门生卢宣旬一起劝说阮元。后阮元决定以他收藏的十一经为基础，再将黄丕烈的《仪礼》单疏和《尔雅》单疏借出，从嘉庆二十年开始着手重版事业。时光流转到了嘉庆二十一年，阮元又从江西升任两广总督。但是胡稷和卢宣旬仍然继续该书的重刻出版，至嘉庆二十二年秋完成。这部书共四百一十六卷，用纸一万一千八百张，是一项巨大的出版工程，据说从着手重刻到最后完成，刚好历时十九个月。重刻结束后，他们将木制刻版献给南昌的府学，无偿给学者和书店印刷。这毫无疑问是一件嘉惠学林的义举。然而，因重版该书途中阮元荣升，赶工时出现鲁鱼之误，各方指出其错误，所以又重新校订，终于在十多年后最终完成。学者也因此有了值得信赖的注疏本，这可以说是明末以来的收藏家不懈努力的成果。

六　从校勘学家的目录到古典的影印

我在前一节讲到了黄丕烈和顾千里使既往爱玩古书的风尚转向校勘学，也讲了黄氏的题跋与顾氏札记中频频阐释校勘的重要性。这一风气后来为所有藏书家的目录解题所继承。在此我举几个典型的事例。

一、校勘学家的目录

与黄丕烈的"百宋一廛"不相上下的收藏，大概是吴骞的"千元十驾"。吴骞，字槎客，浙江海宁人，与同郡陈鳣（字仲鱼）相交而研究训诂学。他很喜好收集典籍，每遇善本必倾囊求购，据说藏书不下数万卷。其编印的《拜经楼丛书》虽不比黄氏的精善，但因其中的《陶靖节集》《谢玄晖集》是根据宋元旧版校定，受学林尊崇。其子寿旸（字虞臣）将父亲的题跋整理成《拜经楼藏书记》五卷，其解题中，校处精尽，有很多值得参考的地方。吴骞还著有《皇氏论语义疏参订》十卷。《论语皇疏》是中国早已失传的典籍，等我国学者根本逊志的校定刊本传入后，在当时的中国学界引起轰动，吴骞的考证也是轰动的产物之一。他仔细推敲《皇疏》的内容，并加以详细的考证。此书过去未出版，最近京都大学仓石武四郎博士誊抄赠予业内同好。读后会发现，吴骞非寻常藏书家，而是出色的校勘家。

黄丕烈死后，其藏书尽归长洲的汪士钟（字阆源）所有。阆源的父亲厚斋虽然也是一位藏书家，但是所藏都是寻常书籍，没有称得上珍本的书籍。然而到了阆源，收黄氏士礼居藏书，后又购入周香严、袁寿阶、顾抱冲的藏书，其藏书之丰可称天下第一。他选择所藏宋本，将《孝经疏》、《仪礼》单疏本、晁公武的《郡斋读书志》等书重新出版，以校雠精确而称世。其藏书目录有《艺芸书舍宋元本书目》，收入潘祖荫的《滂喜斋丛书》中出版。

潘祖荫，字伯寅，号郑盒，江苏吴县人，其夫人系汪阆源的孙女。他购入怡亲王府的旧藏，后又获得黄氏、吴氏的部分藏书，而作印"分廛百宋""逐架千元"。其藏书室称"滂喜斋"，有藏书目录《滂喜斋读书记》两卷，图书收藏不贪多而网罗精品。

汪阆源的藏书在庚子之乱前既已散佚，其长编巨册归常熟的瞿镛所有，而短册零本归聊城的杨绍和，还有一部分流入上海的书肆，大部分都被郁松年收购。

瞿镛，字子雍，常熟菰里村人，其父名绍基。绍基喜好书籍，搜集了很多宋元本，子雍也继承了父志，致力搜访，入手黄氏士礼居旧本。其藏书目录《铁琴铜剑楼书目》系叶昌炽编纂。叶昌炽，字鞠裳，江苏长洲人。其为人简淡沉静，精通目录学，曾经做过瞿镛的门客而为其编纂藏书目录，后又寓居潘祖荫家，作《滂喜斋藏书记》。瞿镛和潘祖荫的藏书目录之所以出类拔群皆因此人学问见解高深。晚年，他又受乌程的刘承幹的召请帮其刻书，刘氏出版的解题也多出其手。

接着是杨绍和，其父杨以增也痴迷藏书，怡亲王府的藏本流出时候就购买了很多，后来又买了一部分汪阆源的旧藏本，建海源阁收藏典籍。因此据说海源阁的藏书多达数十万卷。其子杨绍和整理父亲的藏书，撰成《海源阁书目》，后又单独选出其中的宋元本，作《楹书偶录》。

接着是上海的郁松年，字万枝，号泰峰，也爱好书籍，据说藏书达十万卷，但同治初年散佚流出，其中一部分归入丁日昌的持静斋，大部分则归归安的陆心源。

　　陆心源，字刚甫，号潜园，性好古书，十几年间搜集图书达十五万卷，单宋椠本就有两百卷。因此，他将藏书室命名为"皕宋楼"。皕者，两百之意也。然后，他撰写了《皕宋楼藏书志》和《仪顾堂题跋》介绍其中的宋元本书籍。陆心源的藏书后来归岩崎氏的静嘉堂，而《静嘉堂藏书志》便是陆氏的《皕宋楼藏书志》与《仪顾堂题跋》。

　　当时浙江杭州有丁丙。丁丙，字松生，为杭州望族，太平天国运动后致力于恢复杭州城。他为补文渊阁《四库全书》之阙，遍访古书，修建了八千卷楼，《八千卷楼书目》是其藏书目录，《善本室藏书志》是对其中善本的解题。八千卷楼的藏书在光绪年间被端方买入，开办了江南图书馆，召请缪荃孙负责监理。我在大正八年（1919）夏陪同已故大阪图书馆馆长今井贯一先生到南京游玩时，曾经路过江南图书馆一瞥八千卷楼的旧藏本，对丁氏藏书之丰的震撼之感至今犹存。缪荃孙，字筱山，晚年号艺风老人，初入张之洞门下，为其代写《书目答问》，后又被王先谦招入南菁书院，晚年为江南图书馆、京师图书馆的馆长。他精通目录学，著作有《艺风藏书记》八卷、《艺风藏书续记》八卷等。

　　常熟的瞿氏、聊城的杨氏、归安的陆氏和杭州的丁氏被称为清末藏书四大家，其藏书目录——《铁琴铜剑楼藏书目录》《楹书偶录》《皕宋楼藏书志》《仪顾堂题跋》《善本室藏书志》——是天下善本的总目解题，这些解题通过各书的印记、题跋明确其来历，同时列举文字的异同，阐明其学术价值。于是，这些解题使得经典旧版的价值得到广泛的认可。因此，学者和收藏家竞相翻刻经典，刚好平板印刷技术传入，原来很难见到的珍本古籍逐渐被影印出版。

二、古典的影印

前面我们讲到了黄丕烈刊行《士礼居丛书》，将家藏宋本复刻出版，还讲到了杨守敬在日本期间，将所见旧钞本和宋元本影刻为《古逸丛书》出版。这两部丛书的出版为古书复制提供了示范，其后陆续出现了各种各样的复制本。长洲蒋氏的《铁华馆丛书》、贵池刘氏的《玉海堂影宋元本丛书》和《宜春堂影宋元巾箱本丛书》、南陵徐氏的《随庵徐氏丛书》、吴江张氏的《择是居丛书》、上虞罗氏的《吉石庵丛书》和《宸翰楼丛书》、上海商务印书馆的《续古逸丛书》等皆是其中的主要代表。而最具代表性的出版应该是商务印书馆的《四部丛刊》和《百衲本二十四史》吧。试列出《四部丛刊·经部》的目录，以示其一斑。

《周易》十卷二册　涵芬楼藏宋刊本，季沧苇旧物

《尚书》十三卷二册　刘氏嘉业堂藏宋刊本，缪荃孙旧物

《毛诗》二十卷四册　瞿氏铁琴铜剑楼藏宋巾箱本

《周礼》十二卷六册　叶氏观古堂藏明翻宋岳珂本

《仪礼》十七卷五册　叶氏观古堂藏明徐氏翻宋刊本

《纂图互注礼记》二十卷五册　涵芬楼藏宋刊本

《春秋经传集解》三十卷六册　玉田蒋氏藏宋巾箱本，季沧苇旧物

《春秋公羊经传解诂》十二卷三册　瞿氏铁琴铜剑楼藏宋建安余氏刊本

《春秋穀梁传》十二卷二册　瞿氏铁琴铜剑楼藏宋建安余氏本

《孝经》一卷一册　缪氏艺风堂藏影宋钞本，传是楼旧物

《论语集解》十卷二册　日本正平刊单跋本

《孟子》十四卷三册　清内府藏宋刊大字本

《尔雅》三卷一册　瞿氏铁琴铜剑楼藏宋刊本

《京氏易传》三卷一册　涵芬楼藏明天一阁刊本

《尚书大传》五卷《尚书大传续录》一卷二册　涵芬楼藏陈寿祺原刊本

《韩诗外传》十卷二册　涵芬楼藏明沈氏野竹斋刊本

《大戴礼记》十二卷二册　孙氏小禄天藏明袁氏嘉趣堂本

《春秋繁露》十七卷二册　涵芬楼藏武英殿聚珍版本

《经典释文》三十卷十二册　通志堂本别录诸家校宋札记

《方言》十三卷一册　傅氏双鉴楼藏宋刊本，季沧苇旧物

《释名》八卷一册　江南图书馆藏明嘉靖翻宋本

《说文解字》三十卷、标目一卷四册　日本岩崎氏静嘉堂藏北宋刊本

《说文系传通释》四十卷八册　张氏适园藏述古堂影宋钞本

《大广益会玉篇》三十卷三册　建德周氏藏元刊本

《广韵》五卷五册　张氏涉园藏宋刊巾箱本

以上二十五部书中，影印宋刊本的有十二部，其他元版、宋版翻刻本、宋版影写本等也都是稀见典籍。纵观整个四部，仅宋元版的影印就有相当的数量。如此庞大数量的宋元版书籍被整理到一部丛书出版，可谓空前绝后，不管怎么说都是对文明的余泽、对学林的嘉惠。不仅如此，《四部丛刊》在之后还继续刊行了续编和三编，陆续刊行一些珍贵的资料。例如，从黄丕烈传到汪阆源那里的单疏本《仪礼》、某氏所藏单疏本《尔雅》，以及日本图书寮所藏单疏本《尚书正义》、身延山文库中发现的单疏本《礼记正义》等都被尽收其中。这恐怕是致力于校刊出版宋本注疏的阮元都想不到的事情吧。

从上面列举的经部目录就能看出，这些旧版的原本很多都存于瞿镛的铁琴铜剑楼、继承丁丙八千卷楼的江南图书馆、继承陆心源皕宋楼的岩崎氏静嘉堂，其中也有传是楼、季沧

苇的旧物，很多都出现在清朝藏书家的著录中。因此我们将
其与清朝藏书家的藏书志和题跋记之类比对，就能知晓这些
古本的文献性质和优点。这种古刊本的学术价值，在于通过
与其他版本对校来判断是非、订正谬误，所以首先必须清楚
其文献的性质和优点。我在这里建议想利用这些资料的人要
注意参考藏书志和题跋记。

　　关于古刊本的复制，这里想简单讲一下旧钞本的复制。
欧洲学者在中国西部发现了很多研究资料，其中最令人欣喜
的就是敦煌宝库的发现。此宝库储藏的文籍都是唐代所写的
卷子本，是比宋版更古老且更有学术价值的文献。这些文献
的一部分被斯坦因博士和伯希和博士分别带到了大英博物馆
和法国国家图书馆，剩下的一部分被移交北平图书馆，还有
一部分散落民间。罗振玉从伯希和博士带走的敦煌文书中选
取了一些珍品，以珂罗版印刷的方式，收入《鸣沙石室佚书》
和《鸣沙石室古籍丛残》中出版。而矢吹庆辉博士又从大英
博物馆的斯坦因文书中将佛典拍照，归国后交由岩波书店编
辑刊行了《鸣沙余韵》。两者的出版都甚震当时的学界。然而，
我国也有很多可以与敦煌文书比肩的唐朝钞本或者基于唐钞
本的转写本。于是，学者就有了搜辑复制找国流传的旧钞本
的想法和计划，《京都帝国大学文学部旧钞本丛书》《东方文
化学院影印旧钞本》就是其中的代表。其他诸如图书寮的《群

书治要》和前田侯爵家的《玉烛宝典》等也是应该关注的文献。这些出版物中，甚至有一些可与敦煌出土古钞本互补的资料。《隶古定尚书》残卷即是其中一例，大约是在明治四十二年，我曾看到敦煌本《隶古定尚书·顾命》断简的照片，不禁惊叹其为宇内之鸿宝。之后又看到了罗振玉《敦煌石室遗书》中收录的《尚书》残卷，心中总有一种得陇望蜀之欲，想着能有什么文献让这部《尚书》残卷得以完璧。其后岩崎氏的东洋文库《尚书》第三卷、第五卷、第十二部刊行出版，紧接着神田氏容安轩所藏《尚书》第六卷被影印出版，最近京都大学又将九条家所藏《尚书》第三卷的一部和第四、第八、第十、第十三卷影印出版。这三种资料的纸背上都有《元秘抄》，被认为出自同一卷轴，很多都可以补阙敦煌出土本。之后岩崎氏静嘉堂所藏旧内野皓亭翁本被影印，由此《隶古定尚书》的完本得以重现。翻检此后东方文化学院京都研究所出版的定本《尚书正义》八册，其广泛搜集《隶古定尚书》的诸本，以图书寮所藏单疏本《尚书正义》、足利学校遗址图书馆所藏注疏八行本、京都小川氏本田氏所藏注疏十行本来对校，并附有精致准确的校勘记，是现行《尚书正义》中最好的版本。如此利用古抄本和旧版本，才会让其迸发出学术价值的光芒。最近听说京都研究所正进一步校订《毛诗注疏》，希望他们将来能继续努力，完成十三经注疏的全部精本。

七　结论

所有书籍目录都是为了更方便地整理和利用书籍而作，因此其重点在于分类和解题。以分类和解题为标准进行文献批判的学问，就是目录学。

中国的目录分类从刘向的《七略》到王俭的《七志》、阮孝绪的《七录》，再到四库的分类演变已如前文所述。这种分类的变化整体上显示出学问、文化的推移，但从以文献批判为目的的目录学立场来看，有必要从每本书所占的位置，或者说每本书所处类别推测其内容。我们通过这种分类不仅能知晓现存书籍的内容，甚至也能推测已经散佚图书的内容。但是，这必须对目录的分类方法烂熟于心。同样是诸子类，《汉书·艺文志》的诸子和《四库全书》的诸子内容是不一样的。同样被认为是文学作品集，《汉书·艺文志》的《诗赋略》和《四库全书》的集部也有很大不同。况且它们与近来的图书分类法更有差别。因此，有很多研究探讨《汉书·艺文志》的分类意义。《汉书·艺文志》的分类最初是六艺，即易、书、诗、礼、乐、春秋，但以常识来看，书、春秋属于历史类，而诗属文学。然而《汉书·艺文志》将《诗》和诗赋类分开，四库的分类则将《尚书》《春秋》从历史分类中剔除。这样做有什么深意呢？章学诚在《校雠通义·内篇第一》中说，《汉书·艺文志》的"六艺"是周代的官文书。《易》是太卜所管的文书,《书》归外史,《礼》归宗伯,《乐》归司乐,《诗》领于太师, 夫子把这些官文书当作教科书来教育门下弟子,"述而不作"就是指直接使用官文书。古代的文化存于王官而并未向下层社会传播,及至周王室衰微、庶民抬头,王官司掌的文教才转移到庶民阶级。《汉书·艺文志》认识到诸子九流的学说以及兵、术数、方技的技术都是从古代的王官流入民间,所以才增注说明儒家大概出自司徒之官。而我们也不要忘记四库分类中的经部也有这种历史意义。

《汉书·艺文志》所据的《七略》,往往有一人的著述分录两处的情况。比如,《汉书·艺文志·兵权谋家》从《七略》的记述中省去伊尹、太公、管子、荀子、鹖冠子、苏子、蒯通、陆贾、淮南王等九家,其中荀子、陆贾重新出现在儒家,伊尹、太公、管子、鹖冠子列在道家,苏子与蒯通重新出现在纵横家,淮南王则列在杂家。这是因为兵家的书是任宏的校定本,与刘向校定的儒、道、纵横等诸子之书有所区别。

《汉书·艺文志》中除了诸子略之外,还有兵书、术数和方技三略,但是诸子略道家类中也收录了《太公兵》八十五篇。诸子略阴阳家的总论中称阴阳家出自羲和之官,但术数略的总论中说术数皆是明堂羲和史卜之职。那么诸子略中的兵书与兵书略中的兵书有何区别? 同样源出羲和之官的诸子略阴阳家与术数略之间又有怎样的关系呢？对此，章学诚认为诸子欲明道，而兵书、方技、术数守法以传艺，换句话说，前者以理论为主，后者以技术为主。或许如此。后世的四库分类打破了理论和技术的分界，把兵书、术数和方技三类都合并到子部。这是《汉书·艺文志》和《四库全书》中诸子的不同之处。

《汉书·艺文志》中，同一部类的书籍似乎尽量按照年代的顺序排列，但也有前后颠倒的情况。比如墨家类的《墨子》七十一篇按理说应该放在《田俅子》《我子》《随巢子》《胡非子》之前，但事实却在最后。这也许是《田俅子》至《胡非子》等书出现的早，而《墨子》是后人编纂而成的缘故。再结合道家诸子中被认为是六国之作的《黄帝四经》《黄帝铭》等就位于《老子》《庄子》之后，可以说这基本是合理的。

《汉书·艺文志》一般用篇数和字数来表示书籍的体量。或许以篇来记的应该是竹简书籍，以卷来记的是帛卷书籍。等到后世纸被发明出来后，竹简之制消亡，所有书都统一用卷数来表示体量。在这种情况下，《汉书·艺文志》的篇数在隋唐《志》中变得非常少就不难理解了。这是竹简被容量大的纸张取代的自然结果。

继《汉书·艺文志》之后的古老目录著作是《隋书·经籍志》。这是唐朝取得天下后，著录从洛阳运至长安的隋代典籍而成，但它是途中船只翻覆时幸存的部分，所以《隋书·经籍志》也会漏掉当时世上尚存的典籍，幸而留存的也有残缺。因此，我们不能把《隋书·经籍志》的记载当作当时的现存书目。于是，章宗源的《隋书经籍志考证》中对那些没有录入的书籍也加以考证。《隋书·经籍志》的价值不如说是在于，通过比较其注中所引《梁录》和两唐《志》，推测中间的图书情况。

我们大体以这样的心理准备探讨史志目录，即根据其记述考证书籍的存佚情况，根据其分类推测图书的内容。如果这种记述与想象和现行本相差甚远，就有必要怀疑该书的真伪。学者不要忘记，《古文尚书》的作伪问题就是《汉书·艺文志》的记述与现行本有所分歧而产生的。

前面我说通过目录的分类能够推测和想象书籍的内容。但从目录获得的想象非常模糊，为了获得更深的知识就必须要参照解题书的说明。所以，我们应该充分认识到解题书的重要性。现在我们能够拿到的解题书只有《文献通考·经籍考》《四库全书总目提要》，然后是清代藏书家的藏书志之类，而且藏书志这类对确立校勘方针来说是至极重宝，但对推测书籍的内容却作用不大。因此，探究书籍内容的解题书，首先应该是《文献通考》和《四库全书总目提要》。学者的文集中也有该书序、跋，若能参考则能得到相当丰富的资料。尤其是经部书籍，朱竹垞在《经义考》中搜集了很多这类资料，可以很方便地利用。这样我们依据目录考证书籍存佚，依据序跋和解题考证其内容，在此基础上既可进行文献批判，也能编辑佚书。不过，这也是书籍得到整理的汉朝以后的事情，或者说，只能针对刘向校书以后的资料。如果要考证先秦古典的原型，就需要别的工夫。

给考证先秦古典原型提供很大启发的是刘向的叙录。该书现存《荀子叙录》《列子叙录》《管子叙录》《晏子春秋叙录》《战国策叙录》五篇。根据叙录的记述，刘向搜集了中书、太常书、太史书以及外书后校正写定。所谓中书，即中秘之书，是指藏在朝廷文库中的书，太常书即太常博士的官书，太史书即史官的藏书，而外书则是民间所藏之书。虽然他是把当时所有的书籍收集而来校正定著，但是这里的校定绝非后人所说的校定。据《管子叙录》所载，刘向把中书三百八十九篇、大中大夫卜圭之书二十七篇、富参之书四十一篇、射声校尉立之书十一篇、太史之书九十六篇，计五种五百六十四篇校除而定著为八十六篇。据《列子叙录》所载，刘向收集了中书五篇、太常之书三篇、太史之书四篇、长社尉参之书两篇、刘向家藏本六篇后，校正删除重复篇目而定为八篇。《晏子春秋叙录》的序文中说，刘向收集了中书十一篇、太史之书五篇、刘向家藏之书一篇、臣参之藏书十三篇，计四种三十篇八百三十八章，校正删除重复篇目而定为八篇二百一十五章。
想必刘向之前的书都像备忘录笔记那样，是人们随手记录下
来的，所以还没有形成一个固定的著书形式，直到刘向将其
收集并且按照书籍的形式校定整理，也就是重新编纂。因此，
刘向校定的书籍与原来形形色色的书相区别，被称为"新书"，
《荀子叙录》的书名写作《孙卿新书》即是例证。在这几部叙
录中，最详细地记录刘向校书态度的是《晏子春秋叙录》，我
这里引用全文加以说明：

　　《晏子新书》八篇

　　　内篇谏上第一，凡二十五章

　　　内篇谏下第二，凡二十五章

　　　内篇问上第三，凡三十章

　　　内篇问下第四，凡三十章

　　　内篇杂上第五，凡三十章

　　　内篇杂下第六，凡三十章

　　　外篇重而异者第七，凡二十七章

　　　外篇不合经术者第八，凡十八章

　　　右《晏子》凡内外八篇，总二百一十五章。护左都水
　　使者、光禄大夫臣向言：所校中书《晏子》十一篇，臣
　　向谨与长社尉臣参校雠太史书五篇、臣向书一篇、臣参

书十三篇，凡中外书三十篇，为八百三十八章。除重复二十二篇六百三十八章，定著八篇二百一十五章。外书无有三十六章，中书无有七十一章，中外皆无有以相定。中书以"夭"为"芳"、"又"为"备"、"先"为"牛"、"章"为"长"，如此类者多。谨颇略揖，皆已定以杀青，书可缮写。

晏子，名婴，谥平仲，莱人，莱者，今东莱地也。晏子博闻强记，通于古今，事齐灵公、庄公、景公，以节俭力行尽忠极谏道齐，国君得以正行，百姓得以附亲。不用则退耕于野，用则必不诎义，不可胁以邪。白刃虽交胸终不受崔杼之劫，谏齐君悬而至，顺而刻，及使诸侯，莫能诎其辞。其博通如此，盖次管仲。内能亲亲，外能厚贤，居相国之位，受万钟之禄，故亲戚待其禄而衣食五百余家，处士待而举火者亦甚众。晏子衣苴布之衣，麋鹿之裘，驾敝车疲马，尽以禄给亲戚朋友，齐人以此重之。晏子盖短，其书六篇，皆忠谏其君，文章可观，义理可法，皆合六经之义。又有复重，文辞颇异，不敢遗失，复列以为一篇；又有颇不合经术，似非晏子言，疑后世辩士所为者，故亦不敢失，复以为一篇，凡八篇，其六篇可常置旁御观。谨第录，臣向昧死上。

　　上述叙录的标题参照《荀卿新书》之例做了改动。现行本《晏子》中叙录之前缺少了篇目部分，而元刻本和吴山尊校刻元本中有。这想必也是某人对照《荀卿新书》叙录的体例，保留了原来的形式。根据刘向这段叙录的记载，他对校中书和外书《晏子》凡三十篇，改正文字讹误，删除重复篇目，定为内篇六篇。然后，再把与内篇重复篇目不同的二十七章，与不合经术的十八章整合到一起，作为外篇两篇附在内篇之后，内外两部分合成《晏子》八篇。刘向区别内篇和外篇的标准在是否重复、是否合乎经术两点。元刻本《晏子》每篇篇首列出章目，特别是在外篇各章末尾还说明该篇列为外篇的理由。详细如下文所示：

　　　　《晏子春秋》外篇《重而异者》第七　凡二十七章
　　　　景公饮酒命晏子去礼晏子谏第一。末注云：此章与"景公酒酣，愿无为礼，晏子谏"大旨同，但辞有详略尔，故著于此篇。
　　　　景公置酒泰山西望而泣晏子谏第二。末注云：此章与"景公登牛山而悲、登公阜睹彗星而感"旨同而辞少异尔，故著于此篇。
　　　　景公梦见彗星使人占之晏子谏第三。末注云：此章与"景公登公阜见彗星使禳之，晏子谏"旨同而此特言梦见为异尔，故著于此篇。

景公问古而无死其乐若何晏子谏第四。末注云：此章与"景公谓梁丘据与己和""景公使祝史禳彗星"皆出于"景公游公阜一日而有三过言"，但析为章而辞少异，皆著于此篇。

景公谓梁丘据与己和晏子谏第五。

景公使祝史禳彗星晏子谏第六。末注云：此章与"景公登公阜见彗星"章旨同，故著于此篇。

景公有疾梁丘据裔款请诛祝史晏子谏第七。末注云：此章与"景公病久，欲诛祝史以谢事"悉旨同，但述辞有首末之异，故著于此篇。

景公见道殣自惭无德晏子谏第八。末注云：此章与"景公游寒涂不邮死骴"，辞如相反，而其旨实同，故著于此篇。

景公欲诛断所爱槚者晏子谏第九。末注云：此章与"景公欲杀犯槐者""景公逐得斩竹"事悉同，但悉辞少异尔，故著于此篇。

景公坐路寝曰谁将有此晏子谏第十。末注云：此章与"景公登路寝而叹""景公问后世有齐者""叔向问齐国之治何若"辞旨略同而小异，故著于此篇。

景公台成盆成适愿合葬其母晏子谏第十一。末注云：此章与"逢于何请合葬"正同而辞少异，故著于此篇。

景公筑长庲台晏子舞而谏第十二。末注云：此章与"景公为长庲欲美之""景公冬起大台之役"，辞旨同而小异，故著于此篇。

景公使烛邹主鸟而亡之公怒将加诛晏子谏第十三。末注云：此章与"景公欲诛野人""景公欲杀圉人"章旨同而辞少异，故著于此篇。

景公问治国之患晏子对以佞人谗夫在君侧第十四。末注云：此章与"景公问佞人之事君何如""景公问治国何患"三章大旨同而辞少异，故著于此篇。

景公问后世孰将践有齐者晏子对以田氏第十五。末注云：此章与"景公坐路寝问谁将有此""景公问鲁莒孰先亡，因问后世孰有齐国""晋叔向问齐国若何"三章答旨同而辞异，故著于此篇。

晏子使吴吴王问君子之行晏子对以不与乱国俱灭第十六。末注云：此章与"吴王问可处可去"事旨既同，但辞有详略之异，故著于此篇。

吴王问齐君僄暴吾子何容焉晏子对以岂能以道食人第十七。末注云：此章与"景公问天下之所以存亡""鲁君问何事回曲之君"三章或事异而辞同，或旨同而辞异，故著于此篇。

司马子期问有不干君不恤民取名者乎晏子对以不仁

也第十八。末注云：此章与"叔向问徒处之义"章旨同而有详略之异，故著于此篇。

高子问子事灵公庄公景公皆敬子晏子对以一心第十九。末注云：此章与"梁丘据问，事三君不同心，孔子之齐不见晏子"旨同而辞少异，故著于此篇。

晏子再治东阿上计景公迎贺晏子辞第二十。末注云：此章与"晏子再治阿而见信，景公任以国政"章旨同而述辞少异，故著于此篇。

太卜绐景公能动地晏子知其妄使卜自晓公第二十一。末注云：此章与"柏常骞襜枭死，将为公请寿，晏子识其妄"章旨同而辞异，故著于此篇。

有献书谮晏子退耕而国不治复召晏子第二十二。末注云：此章与"景公恶故人，晏子退"章旨同叙事少异，故著于此篇。

晏子使高纠使治家三年而未尝弼过逐之第二十三。末注云：此章与"景公欲见高纠"章旨同而辞少异，故著于此篇。

景公称桓公之对管仲益晏子邑辞不受第二十四。末注云：此章与"景公致千金而晏子固不受，使田无宇致封邑，晏子辞"章旨悉同而辞少异，故著于此篇。

景公使梁丘据致千金之裘晏子固辞不受第二十五。

末注云：此章与"景公使梁丘据遗之车马，三返不受"章旨同而事少异，故著于此篇。

晏子衣鹿裘以朝景公嗟其贫晏子称有饰第二十六。末注云：此章与"陈无宇请浮晏子，景公睹晏子之食而嗟其贫"章旨同而辞少异，故著于此篇。

仲尼称晏子行辅三君而不有果君子也第二十七。末注云：此章与"仲尼之齐不见晏子""鲁君问何事回曲之君"章旨同而述辞少异，故著于此篇。

《晏子春秋》外篇不合经术者第八 凡十八章

仲尼见景公景公欲封之晏子以为不可第一。末注云：此并下五章，皆毁诋孔子，殊不合经术，故著于此篇。

景公上路寝闻哭声问梁丘据晏子对第二。

仲尼见景公景公曰先生奚不见寡人宰乎第三。

仲尼之齐见景公而不见晏子子贡致问第四。

景公出田顾问晏子若人之众有孔子乎第五。

仲尼相鲁景公患之晏子对以勿忧第六。末注云：此上五章，皆毁诋孔子，而此章复称为圣相，设相齐以困孔子，似非平仲之所宜，故著于此篇。

景公问有臣有兄弟而强足恃乎晏子对不足恃第七。末注云：此章与景公问臣并兄弟之强，而晏子对以汤桀，无以垂训，故著于此篇。

景公游牛山少乐请晏子一顾第八。末注云：此章载晏子之愿如此，无以垂训，故著于此篇。

景公为大钟晏子与仲尼柏常骞知将毁第九。末注云：此章与"景公为泰吕成将燕飨，晏子谏章"旨同而尤近怪，故著于此篇。

田无宇非晏子有老妻晏子对以去老谓之乱第十。末注云：此章与"景公以晏子妻老欲纳女"旨同而事异，陈无宇虽至凡品，亦未应以是诮晏子，设非晏子者，将纳其说见弃妻乎，无以垂训，故著于此篇。

工女欲入身于晏子晏子辞不受第十一。末注云：此章与"犯伤槐之令者女求入晏子家"事同而辞略，且无因而至，故著于此篇。

景公欲诛羽人晏子以为法不宜杀第十二。末注云：此章不典，无以垂训，故著于此篇。

景公谓晏子东海之中有水而赤晏子详对第十三。末注云：此并下一章，语类俳而义无所取，故著于此篇。

景公问天下有极大极细晏子对第十四。

庄公图莒国人扰绐以晏子在乃止第十五。末注云：此章特以晏子而绐国人，故著于此篇。

晏子死景公驰往哭哀毕而去第十六。末注云：此并下二章，皆晏子殁后景公追怀之言，故著于此篇。

晏子死景公哭之称莫复陈告吾过第十七。

晏子殁左右谀弦章谏景公赐之鱼第十八。

上述章目和注语只见于元刻本、明活字本，而诸本皆无，所以此处不厌繁冗地全文引用。从这些章目和注语中，我们就能明白刘向校书的艰辛。那与其说是校书，不如说是编纂事业，先秦古典经其校定而面目一新。因此《史记》中有慎到著《十二论》、环渊著《上下篇》的记载（《孟子荀卿列传》），但《汉书·艺文志》中列出了《慎子》四十二篇和《蜎子》十三篇。蜎子即环子。根据《史记》的记载，申子之书有两篇（《老庄申韩列传》），孙武之书有十三篇（《孙子吴起列传》），但《汉书·艺文志》中列出《申子》六篇、《吴孙子兵法》八十二篇图九卷。从刘向《别录》的佚文"《申子》，今民间所有上下二篇，中书六篇"来看，司马迁见到的应该是民间流布的版本，而《汉书·艺文志》中的《申子》则是根据中秘的藏本定为六篇。《史记·孙武传》正义引阮孝绪《七录》言"《孙子兵法》三卷，案十三篇为上卷，又有中下二卷"，则《吴孙子兵法》八十二篇应该是以旧本十三篇为上卷，然后再加上中下卷六十九篇吧。要而言之，《史记》作者司马迁看到的都是刘向校定之前的旧本，而《汉书·艺文志》中列举的诸书都是刘向校定后的新书。我们通过现存的叙录，了解他校定之前的旧本和新书之间的关系。所以中国经典的研究首先要考证刘向校定的原型，进而考虑刘向未校定以前的旧形。据《史记·孟子荀卿列传》所载，司马迁看到的《孟子》有七篇，但《汉书·艺文志》则列出《孟子》十一篇。这里的十一篇应该是刘向校定的新书，而《史记》中的《孟子》七篇则应该是太史所藏的旧本。东汉赵岐认为，《孟子》十一篇由内书七篇和外书四篇构成，外书四篇似乎不是真正的《孟子》，将之删去仅留内书七篇。(《孟子题词》)或许太史旧藏的七篇本才是与过去一样的吧。现在《孟子》之所以能比较纯粹地流传下来，都是赵岐的功劳。现行本《论语》皆二十篇，这应该也是刘向校定的、展现《鲁论》的版本，而伊藤仁斋先生的《论语古义》将其分为上论十篇、下论十篇，提出上论先编、下论是其续编的观点，荻生徂徕、太宰春台等人也认同这一观点，而这也是考证刘向校定以前的旧本的有价值观点。

　　要而言之，中国的目录分为简单的书名目录和附有解题的目录两种，我们通过对这些目录的比较和考察，明确书籍的来历和存佚情况，并通过其分类和解题推测图书的内容。基于如此获得的知识对古典的正误和真伪进行文献批判，就是目录学的中心问题。王鸣盛所言"目录之学，学中第一要紧事，必从此问途，方能得其门而入"正是这个道理。